无偏见沟通

De-biased Communication

慕兰 /著

机械工业出版社
CHINA MACHINE PRESS

组织内外的多重挑战、多代际的员工队伍、个体自我意识增强等因素，催生了上下级不同频、代际间互相指责、无效沟通等一系列职场沟通难题，这些难题不是简单地提升沟通技巧就能解决的。本书作者结合 20 多年在国企、外企及 NGO 组织的管理实践指出，无意识偏见是被人们普遍忽略的、造成沟通困境的深层次原因。书中，作者梳理真实案例经验，开创性地提出了"无偏见沟通"的概念与方法。本书从无意识偏见如何限制了我们的沟通开始，提出无偏见沟通的 7 项原则、7 步模型，带领读者识别 9 种常见的无意识偏见，并给出针对性建议，形成一套无偏见沟通的解决方案，帮助读者突破沟通困境，实现高质量协作，提升团队效能。

图书在版编目（CIP）数据

无偏见沟通 / 慕兰著 . -- 北京：机械工业出版社，2024. 10. -- ISBN 978-7-111-76271-3

Ⅰ．C912.11

中国国家版本馆 CIP 数据核字第 2024EN5265 号

机械工业出版社（北京市百万庄大街 22 号　邮政编码 100037）
策划编辑：秦　诗　　　　　　　　　责任编辑：秦　诗　周思思
责任校对：孙明慧　张雨霏　景　飞　责任印制：张　博
北京联兴盛业印刷股份有限公司印刷
2024 年 10 月第 1 版第 1 次印刷
147mm×210mm · 7.875 印张 · 1 插页 · 124 千字
标准书号：ISBN 978-7-111-76271-3
定价：69.00 元

电话服务　　　　　　　　　　　网络服务
客服电话：010-88361066　　　机 工 官 网：www.cmpbook.com
　　　　　010-88379833　　　机 工 官 博：weibo.com/cmp1952
　　　　　010-68326294　　　金 书 网：www.golden-book.com
封底无防伪标均为盗版　　　机工教育服务网：www.cmpedu.com

前　言

现代组织中没有独行侠，无论你是组织或团队的管理者，还是仅对个人的工作成果负责的个人贡献者，都需要通过与他人协作才能达成工作目标。

人际协作的方方面面都离不开沟通，无论是建立协作关系，达成对愿景和目标的共识，同步信息和思想，获得理解和支持，还是协调工作内容，共创新思路、新方法，解决棘手的问题，都有赖于良好的沟通。因此，沟通能力在工作胜任素质中不可或缺，也是被组织和个人高度关注并重点培养的一项能力。

围绕着工作的开展，人们都在投入时间和努力进行沟通，然而沟通的结果大不相同，其中的区别在于所进行的沟通是否具备有效性。有效的沟通带来积极的影响与丰硕的人际协作成果，无效的沟通非但不能解决问题，还会制造新的问题，破坏人际关系，阻碍人们实现目标。

无效沟通在工作场景中屡见不鲜，沟通困境层出不穷，包括上下级不同频导致无法沟通，不同代际差异大导致难以沟通，跨部门沟通时互相指责抱怨，反复沟通不畅形成积怨，跨文化沟通时互不理解等，诸如此类的无效沟通已经成为困扰工作者的痛点。

然而，上述问题不是只学习沟通技能就能解决的。要攻克这些沟通"顽疾"，取得前所未有的沟通成效，我们需要从最棘手的问题入手，从表象深入内里，找到导致沟通搁浅的深层原因，探究沟通的本质，更新对沟通的认知，以更高层次的思维水平指导沟通的过程。

从表面上看，沟通是人与人之间发生的对话，实际上，在沟通发生时存在着一明一暗两条线：明线是人们口中有意识的对话（有意识），暗线是人们头脑中隐藏的无意识的心理活动（无意识）。其中，无意识的偏见如同暗礁，隐藏在人们看不见的地方，人们没有意识到它的存在，但它却在暗中干扰着沟通的进程，带来一系列消极影响。

一旦沟通被无意识偏见所左右，对话就会偏离事实的轨道，违背双方的初衷，向着错误的方向疾驰。人们会预先形成态度，固守先入之见，产生消极情绪，做出误判和草率的决策，甚至完全失去沟通的意愿，沟通者之间的关系也变得岌岌可危。

本书从全新的心理学视角探究了导致沟通困境的深层次原因，指出了无意识偏见对于人际沟通的无形干扰，提出了"无偏见沟通"的开创性理念，并提供了一整套高效实用的沟通解决方案（包括理论模型、方法、工具、案例、知行练习关键指南），帮助人们成为具备强大影响力的"无偏见沟通者"。

无偏见沟通致力于为组织／团队与各级人才带来以下收获。

- 减少无意识偏见对沟通的干扰，突破人际沟通的困境。
- 建立深度信任的协作关系，或修复破损的信任关系。
- 运用全新的沟通方法解决棘手的问题，把握艰难的对话。

- 激发深度的思考，形成审慎的决策。
- 超越观点的分歧，达成开放的共识。
- 实现高质量的沟通体验与沟通成效。
- 提升个人在职业领域的影响力与职业成就。
- 提升组织／团队的沟通与协作效能。

无偏见沟通的方法可被广泛应用于各种日常的工作沟通，覆盖多种工作场景，具体如下。

- 会议会谈、头脑风暴、演示汇报、战略规划。
- 正式与非正式谈判。
- 解决棘手问题，处理矛盾与分歧，分配资源／利益。
- 面试沟通、分配任务、跟进任务、工作协调、项目沟通。
- 给予辅导、提供反馈、绩效面谈。
- 转型变革期的艰难对话。
- 职业社交。

本书的写作与出版，得到了很多人的支持与帮助，在此表达真诚的谢意。首先要感谢机械工业出版社的编辑老师就本书的策划、成书、出版给予的专业指导与大力支持，能与他们合作我感到非常荣幸；感谢人民邮电出版社的王振杰老师就管理话题与我进行探讨并给予无私的帮助；感谢各界的师友、客户、合作伙伴与学员们，与你们在一起的互动交流让我得到了很多启发，并得以在实践中检验相关的沟通理念。感谢我亲爱的家人们在写作过程中给予我莫大的支持与关照，让我得以专心写作这本书。

最后，非常感谢广大读者们关注并阅读本书，希望无偏见沟通的方法能够对你们的工作有所帮助。祝愿你们取得更大的工作成就，也欢迎你们通过电子邮件（邮箱地址是 de-biasedcomm@outlook.com）与我分享在实际工作中运用无偏见沟通的反馈或疑问。

慕兰

2024 年 5 月 14 日于北京

目　录

第1章

被偏见左右的沟通

无意识偏见

夜幕降临，办公区显得格外安静，一些同事仍在电脑前忙碌，只听见手指敲击键盘发出的声音。突然，把角的会议室传来了业务总监 A 对财务总监 B 的怒吼。

A：“一线都火烧眉毛了，你就说批不批吧！”

B：“该说的我都说了，你申请的不是小数目，根本不在预算里，我还真批不了。”

“啪！”（拍桌子的声音）

A："我请你摆正位置！我们业务部才是给公司挣钱的，没有我们在一线拼命，哪来的钱让你们管！"

B："是，公司离了你们转不了。"

A："什么态度，你们财务部就是针对业务部，专门跟我们过不去！"

B："我们没必要针对你们，批不批要看财务制度。"

A："别拿制度说事儿，你们就是从中作梗，无事生非！"

B："太过分了！你这纯属偏见！我们整天加班加点为了谁啊？你们业务部整天觉得自己劳苦功高，就知道往前冲，财务制度遵守了吗？经营风险考虑了吗？出了问题你们担得起吗？！"

A："行，你不批是吧，耽误了大事看你们怎么收场！"
"砰！"（摔门的声音）

B："不可理喻！"

一场日常的跨部门沟通就这样不欢而散。双方对彼此有偏见，关系出现裂痕，接下来的沟通可能会雪上加霜，后续的合作恐怕是难上加难。类似这番非但无效还带来反作用的沟通，在工作场所并不鲜见。

对于沟通而言，也许最大的问题就在于人们还没开始沟通，结局就已无悬念。有些时候，当得知双方要进行一场重要的沟通时，作为局外人，我们就能预测到双方肯定谈不拢，因为他们对彼此抱有强烈的偏见。被偏见左右的沟通不仅不可能有效，还会走向偏颇，甚至导致沟通局面失控，让人们说出后悔的话，做出后悔的事。

如果沟通者本人能够意识到自己带有偏见，那么，这就是"有意识的偏见"。"有意识的偏见"是明确的，是个体能够意识到的，相对容易被识别、管理。

然而，通常情况下，人们意识不到自身存在偏见，而是把自己对偏见对象的态度看成客观的评价，这种现象就属于"无意识偏见"。

与"有意识的偏见"相反，无意识偏见是隐蔽的，人们意识不到它的存在，但它比"有意识的偏见"给人际沟通与协作带来更为严重的影响。

在工作中，人们需要感知周围的环境，了解身边的人，解读遇到的事，做出一个个判断和决策。在某种程度上，人们对世界的认知仿佛是一个动态的跷跷板。在跷跷板不偏不倚的状态下，认知是"客观"的，认识到的是人和事的本来面目。一旦跷跷板偏向任何一侧，认知就有了"偏见"。

无意识偏见指个体不曾觉察的偏离客观事实的见解，包括偏颇的认知、固定的印象、过度的概括、主观的猜测、随意的评判和限制性的假设。无意识偏见也被称为隐性偏见。

无意识偏见常常表现为对某些人、群体或事物无意识地偏爱或排斥，以及对自我无意识地高估或限制。

无意识偏见妨碍人们真实感知周围的环境，扭曲人们对现实的理解，影响人们做出判断、决策和行动，干扰人际沟通，妨碍人际协作，限制个人、团队、组织的潜力和可取得的工作成果。

心理学的研究表明，无意识偏见远比我们想象的更为普遍。如果我们将人的心理活动比喻成一座冰山，那么，人有意识的心理活动只是露出水面的冰山一角，只占人心理活动很小的一部分，大部分的心理活动是无意识的。

无意识偏见在我们的意识之外暗中运作，能否对它有所觉察决定了我们能否掌控自己的工作与生活。正如《高绩效教练》书中所言："我只能掌控我觉察到的一切。我觉察不到的东西掌控着我。觉察给予我力量。"

无意识偏见如何影响沟通

沟通二字，本意是"开沟使两水相通"[一]，后泛指**"使两方能通连"**[二]。

由于现代分工的细化，个体所从事的工作往往只是完整工作链条上的一环，要将自己"这一环"与其他人的"那一环"紧密衔接，实现整体的工作目标，每个人都需要与他人协作，无论是团队的管理者，还是个人贡献者。

在工作场景中，能让形形色色的个体"通连"起来形成协作网络并作为一个整体高效运转的，就是沟通。

沟通的重要性不言而喻，无论是建立协作关系，达到共同愿景和目标，同步信息和思想，取得理解和支持，还是协调工作内容，共创新思路、新方法，解决棘手的问题，都有赖于良好的沟通。

那些影响工作进展的事件乃至严重的事故，倘若深究下去，往往能找到沟通不善的因素。

可以说，沟通塑造了人们所处的工作环境的面貌，沟

[一]　辞海释义。
[二]　现代汉语词典释义。

通的质量决定了人际协作的效能、个人的绩效、团队的一致性以及组织的经营成果。

高质量沟通的关键在于"人际通连"，即人与人之间的联结。这样的联结仿佛在双方之间开通了一条"沟通之渠"。有了沟通的渠道作为前提，信息、思想和情感才能像水一样双向流动，碰撞激荡，良好的沟通效果才能得以呈现，如图 1-1 所示。

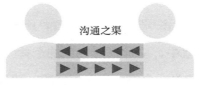

图1-1　沟通之渠

然而现实的情况是，真正实现"人际通连"的高质量沟通并不多见，人与人之间在关系上根本没有通连却硬生生地展开对话的情况比比皆是。

这样的"人际不通"带来的是信息的阻滞、思想的不容、情绪的抵触、关系的紧张。"不通"则痛，因为"人"不通，所沟通的"事"自然得不到解决，甚而可能升级为更严重的痛点。

那些"不通"的沟通，问题究竟出在了哪里？

研究表明，人际沟通是一个复杂的过程，其中存在着很多干扰和噪声："社会、心理、文化、情境等多种因素都会对沟通效果产生影响。"[⊖]

在这些干扰因素当中，有一些是人们已经意识到的，它们显而易见，因此也相对容易管理。然而，还有一些干扰因素是人们尚未意识到的。其中，无意识偏见尤其值得引起我们的关注。

无意识偏见犹如隐藏在水面之下的暗礁，在人们没有意识到的情况下让沟通进入危险区。

当沟通被无意识偏见左右时，谈话就会偏离事实的轨道，违背双方的初衷，向着错误的方向疾驰。沟通场面变得不愉快，轻则话不投机，重则剑拔弩张。在工作场所，人与人之间、部门与部门之间、组织与利益相关方之间因沟通问题出现摩擦、矛盾乃至冲突的情况屡见不鲜。

沟通时，沟通者头脑中的无意识偏见在暗中以微妙的方式参与着沟通的全过程。**双方在无意识层面对彼此的固定看法、对自我的不当认知、对信息的错误解读、对事情的主观判断、对差异观点的自动反应以及不假思索做出的决定，都可能给沟通带来负面的影响，包括预先形成态度、**

⊖ 陈志霞. 社会心理学 [M]. 北京：人民邮电出版社，2016：382.

引发消极情绪、影响判断决策、降低沟通意愿、疏离人际关系，最终危及沟通的有效性。

具体来说，无意识偏见对于沟通的影响主要体现在以下几个方面。

预先形成态度

戴维·迈尔斯在《社会心理学》一书中指出，偏见是一种态度，态度是情感、行为倾向和信念的某种独特结合。[⊖]

无意识偏见会导致人们预先形成态度，对沟通的对象产生好恶，对交谈的内容产生主观的理解和评判，对要采取的行动先入为主地做出决定。

当人们带着偏颇的态度进行沟通时，其结果可想而知，常常是听不进对方讲了什么，听到的只是自己内心的声音，或是自动过滤掉不同的观点，未等对方把话讲完就已经拿定了主意，然后不断搜索证据印证已有的主张。

有时，甚至在见到对方之前，人们凭着固定的印象、小道消息、无端的假设就已经下了结论。

"假设是那些我们以为是真理的个人想法，实际上这些

⊖ 迈尔斯.社会心理学 [M].侯玉波，乐国安，张智勇，等译.北京：人民邮电出版社，2016.

想法并非如此，它们仅仅以感觉、观点和偏见为基础。"[⊖]

就这样，偏见让人们在沟通前和沟通中带着预先形成的态度，无法全然投入谈话中，没有意愿倾听，忽略与自己不同但有价值的观点，做出错误的判断和决策，错过与他人深度交流和建立关系的机会。这样的沟通只能是"走过场"，是为了证明"沟通过"而做的"表面文章"。

头脑中装满偏见却不曾觉察的两个人，根本无法实现"人际通连"，纵使双方都具备高超的沟通技巧也无济于事。要实现真正有效的沟通，必须首先意识到偏见并且选择放下偏见。

引发消极情绪

无意识偏见影响人们在沟通时的情绪，很多以失败告终的沟通是消极情绪造成的。

通常人们认为，特定的诱发事件是引起人们情绪反应的主要原因，即某一事件的发生让我们产生了某种情绪。然而，根据心理学家的研究，真正引发我们产生不良情绪的，并非诱发事件本身，而是我们对诱发事件的看法。换

⊖ 富勒，墨菲，周慧安 . 无意识偏见：影响你判断和行动的秘密 [M]. 张森，译 . 北京：中国青年出版社，2022.

言之，如何看待诱发事件引起了我们的后续情绪反应。

针对同一个诱发事件，如果我们抱有偏颇的看法，以自我为中心，从有利于自己的角度来解读，就会觉得自己的观点是对的，同时将问题和责任推向对方，将错误归因于对方。这样的看法会扰乱我们的内心，引发消极的情绪反应。

偏见的程度越深，情绪反应就越激烈，而激烈的情绪会直接切断沟通，伤害沟通者之间的关系。

"与简单的误解不同的是，偏见会积极抗拒所有可能撼动它的证据。当我们的偏见与现实发生冲突时，我们倾向于意气用事。"㊀

带着强烈偏见的沟通充满火药味，让双方进入一种对立的状态，产生必须赢得这场"口头拳击比赛"的执念，言语中夹枪带棒，指责对方的问题，攻击对方的观点，不失时机地捕捉对方的闪失。

在这样的沟通中，由偏颇的看法引发的消极情绪，往往以不受控制的方式一股脑儿被发泄出来。想想我们在沟通时所说的气话吧，是不是"泄露"了内心深处隐藏的偏见？

㊀　奥尔波特.偏见的本质 [M].凌晨，译.北京：九州出版社，2020.

- "你从外面空降来的懂什么？！"（亲和偏见）
- "你就是个'老顽固'，根本没法儿沟通！"（刻板印象）
- "我早就知道你不值得信任！"（确认偏误）
- "这么点儿事都能做错，你还能做什么！"（尖角效应）
- "你们老同志早就被时代淘汰了！"（年龄偏见）

针对一个诱发事件，如果我们能够基于事实客观地看待，不被偏颇的看法所误导，则能"不动心"，不被消极的情绪左右，说出让自己后悔的话，做出不理智的行为，造成与沟通初衷背道而驰的不良后果。

影响判断决策

当今的大环境对工作者提出了更高的要求：人们需要面对更为复杂的工作情境，用更少的时间完成更多的任务，在充满干扰的环境下做出正确的判断和决策。

无意识偏见给人们的判断力和决策力带来不容忽视的干扰。在快节奏的工作状态下，人们常常依赖直觉进行判断。这是一种认知捷径，允许人们快速处理新的信息并做出决定。然而，过于依赖直觉就容易导致偏见，而偏见会阻碍人们倾听不同的观点，展开理性的思考，探索问题的全貌。

例如，当团队就是否开辟一项新业务开会讨论时，凭借多年的经验，管理者立刻有了一种强烈的直觉，并且坚信只有自己在业务问题上是绝对权威，只有自己才能给出最好的答案，于是不再听其他人的发言，"一拍脑袋"就做出了重要的决定。这样的"自以为是"会直接导致错误的决策，带来意想不到的损失。

罗翔曾经说："有的时候，偏见比无知更为可怕。因为无知的人承认自己无知，所以不会轻易地进行论断，但是有偏见的人呢？自以为是，自以为知，所以很容易下断言。"

当然，没有人的初衷是做出有偏见的判断和决策。然而，如果我们没有意识到自身可能存在的偏见，那么我们所做出的判断和决策就有可能在不知不觉中走向偏颇。

降低沟通意愿

头脑中存在偏见会降低，甚至让人完全丧失沟通的意愿，尤其是对那些与自己格格不入的人、不可理喻的相关方、难以打交道的部门，人们巴不得敬而远之，甚至"老死不相往来"。

于是，人们日常的策略是能不沟通就不沟通，能发邮件就不打电话，能打电话就不面谈，必须面谈就先拖延，或者只是走个过场，做个记录。长此以往，一个个未能得以通过沟通解决的问题层层叠加，从最开始的"小问题"演变成"大疙瘩"，在人与人之间形成隔阂和积怨。

实际上，这种被动的沟通策略解决不了问题，因为工作的性质，人们在工作上总有交集，在事情上总是绕不开，即便心里再不情愿，还是不得不去与对方打交道。然而当偏见横亘在两个人之间时，便无形中设置了一道障碍，带来了心理纠结和精神内耗，让人们越来越难以沟通，甚至最后完全拒绝沟通。

无论是日常的工作协调，还是正式的谈判和会谈，一旦一方或双方失去了沟通的意愿，沟通就到了最棘手的地步。要想让双方回到会议桌前重新开启对话，这样的"破冰"需要从去除偏见开始。

疏离人际关系

工作场所的人际关系常常很"玄"：有些人一见如故，无话不谈；有些人面对面共事几年却只是泛泛之交，从不多言。这背后往往与无意识偏见有关。

　　根据心理学的研究，人人都有无意识偏见，无论我们认为自己多么开明豁达，也总是会无意识地把人分门别类，然后无意识地形成某种态度。

　　在日常的工作关系中，我们会无意识地偏爱与这样一些人合作：他们要么脾气秉性与我们相投，要么与我们拥有共同的背景或兴趣爱好，要么持有相似的观点或立场。因为彼此存在相似之处，自然产生了一种亲近感，人际沟通也因此比较顺畅，有时甚至无须沟通也能理解对方，并且愿意提供帮助，与这样的相关方共事让我们心情愉快。

　　另外一些人呢，他们与我们并无太多相似之处，甚至在很多方面截然不同。虽然大家也在工作上来往，但是在关系上则疏远了很多，日常的互动基本停留在公事公办的状态。

　　职业场合的社交也大体如此。虽然我们参与社交的目的在于拓宽人际网络，结识不一样的人，但那些与我们有相似之处的人总是有着不可抵挡的吸引力，我们会不由自主地走到他们面前，交换名片，与之攀谈。而对于另外一些不具备相似之处的人，我们则有一种莫名的距离感。

　　久而久之，我们无意识地形成了自己的工作关系圈。与我们有着相似之处的人会自然而然地进入这个圈子，他们是我们偏爱的对象，与之沟通让我们感到舒适。然而，在舒适之余，我们也会感到不安。因为圈子中的人同质化严重，缺乏有差异的风格、不一样的观点和新的可能性，于是我们似乎总是难以突破原来的小圈子，本应丰富多彩的工作世界变得单调狭隘。

　　实际上，我们应当与每一个工作相关方建立良好的协作关系，从而让自己与他人密切联结起来，共同营造高效的工作网络。然而，无意识偏见在无形中阻碍我们与形形色色的人建立有意义的联结，造成人际关系的疏离，给人际沟通带来了根本性的障碍，导致沟通往往流于表面，无法实现沟通者之间的"人际通连"，无法产生高质量的沟通结果。

　　综上所述，无意识偏见给沟通带来了负面的影响。一旦被偏见左右，沟通就会偏离正确的轨道，人们会预先形成态度，固守先入之见，产生消极情绪，做出误判和草率的决策，甚至完全失去沟通的意愿，沟通者之间的关系也变得岌岌可危。

无意识偏见的背后

刻板印象

无意识偏见往往建立在刻板印象之上。

刻板印象是对特定的人、群体或事物的概括化、固定化的看法。

"'刻板印象'一词应用于描述'我们头脑中的图片'——一种反映主观认知但代表客观现实的印象，这就很像我们自认为是真实的但实际上又未经检验的定式的想法，而正是这些想法决定了我们如何理解我们所看到的事物。"[一]

刻板印象简化了人们的认知过程，让大脑处理海量信息的工作变得容易。然而，"由于刻板印象是对某群体及其成员的一套固定认知框架，刻板印象简化认知过程并造成判断失实，因而是偏见产生的重要原因"。[二]

带着刻板印象评价人会带来偏颇。"很多人（如果不是绝大多数人的话）会用刻板印象来评判别人。刻板印象是

[一] 埃伯哈特. 偏见 [M]. 叶可非，译. 北京：北京联合出版公司，2021.
[二] 阿德勒，罗森菲尔德，普罗科特. 沟通的本质：什么是沟通，为什么沟通以及如何沟通 [M]. 黄素菲，黄成瑷，译. 郑州：河南文艺出版社，2023.

一种简化策略，因为当我们使用刻板印象时，就无须花费太多时间去考量一个人，然后再判断他将如何行事。我们只是把他对号入座地归为某种类型，然后马上就可以赋予他各种各样的特点。"[⊖]

此外，刻板印象一经形成就具有一定的稳定性，而且还会阻碍人们获取新的信息，除非人们能够保持开放的头脑，有意识地根据实际情况不断更新自己的认知。

大脑的双系统

心理学研究表明，人类的大脑是这样运作的：它有两套系统，即系统 1 和系统 2，它们分别产生快思考与慢思考两种模式。

系统 1 是直觉思考系统，其运行速度快，是自动的、无意识的运行。系统 1 经常为经验、刻板印象所支配。

系统 2 是理性思考系统，其运行速度慢，是有意识的、可控制的运行，它需要集中注意力来分析问题，做出决定。

例如，当人们在空旷的道路上开车时，系统 1 在运作；

⊖　基达 . 认知陷阱：人们常犯的 6 个思维错误 [M]. 慕兰，孙静波，张嘉芮，译 . 北京：人民邮电出版社，2023.

当人们需要把车停进一个狭小的车位时，系统 2 会出面解决问题。

系统 1 和系统 2 就这样分工运作，各司其职，大多数时候这样的分工很有效。

偏见的产生

在系统 1 的运作过程中，其快速运行的特点导致这一系统容易犯错。为了对眼前的情况做出快速反应，它往往将有难度的问题进行简单化处理，在未经充分思考的情况下就做出判断和决定。因此，系统 1 是无意识偏见潜伏的主要地带，它也因此得到了"错误和偏见的起源"这个负面称号。

"从本质上来说，我们会有无意识偏见是由于我们的大脑容量有限。我们每秒能接收惊人的 1100 万条信息，但我们只能有意识地处理其中的大约 40 条。为了弥补这个缺口，我们的大脑会构建捷径来帮助我们理解这些信息。"[⊖]

认知捷径让我们能够快速处理信息并做出决定。然而，认知捷径会带来错误的思维，导致糟糕的判断，进而影响

⊖ 富勒，墨菲，周慧安 . 无意识偏见：影响你判断和行动的秘密 [M]. 张森，译 . 北京：中国青年出版社，2022.

我们的决策和行为。

在工作场所，无意识偏见普遍存在，但是人们对于它的认知存在 3 种情况：

①很多时候人们意识不到或不想意识到偏见的存在。

②在能够意识到偏见的情形中，人们更容易看到的是别人的偏见，很难意识到自身存在的偏见。

③当人们终于意识到了自身的偏见，又因缺乏必要的知识和管理策略而回避。

对于无意识偏见这一话题，不仅不应当回避，还应当仔细研究并加以管理。因为"这是人类大脑工作方式的一个自然组成部分，会在我们的决定、反应和与他人的互动中有所体现。在我们的人际关系、团队、组织中都是如此。我们都有偏见，所以让我们承认这一点并开始改进"。[⊖]

我们需要认识到自己并非总是用理性的方式做出决定，还要认识到，在与人沟通的时候，在我们想要影响他人，试图推动他们做什么或者改变什么的时候，他们也未必是完全理性的，在他们的头脑中，可能也存在对我们的偏见。

⊖ 富勒，墨菲，周慧安 . 无意识偏见：影响你判断和行动的秘密 [M]. 张淼，译 . 北京：中国青年出版社，2022.

好消息是，我们可以从自己这里开始做出一些改变。人类的大脑具备可塑性，我们可以通过有意识的提升自我觉察，创造新的神经通路，养成新的思维习惯，减少偏见对我们的影响。

有无意识偏见并不意味着你存在有意识的偏见。"如果一个人能够根据新的证据修正他自己之前错误的判断，他就是个没有偏见的人。只有在面对新知识时依旧不改变原先的想法的情况下，这种预先判断才算得上偏见。"⊖

要突破性地解决人际沟通的难题，我们需要透过沟通的表象深入问题的内里，找到导致沟通不畅的深层次原因。对无意识偏见的探索会让你对熟悉的沟通话题产生全新的认知，帮助你解决棘手的沟通问题，带来前所未有的高质量沟通体验。

在本书中，我们主要关注的是无意识偏见对于工作情境中人际沟通的消极影响，以及如何掌握"无偏见沟通"的方法，成为具备强大影响力的"无偏见沟通者"，突破人际沟通的困境，实现个人影响力的跃升和职业的稳步发展，同时提升团队协作的效能，达成团队和组织的绩效目标。

⊖　奥尔波特. 偏见的本质 [M]. 凌晨，译. 北京：九州出版社，2020.

本书提供了一整套基于心理学的开创性沟通解决方案，包括理论模型、方法、工具、案例以及知行练习关键指南，帮助你从"知道"到"做到"，成为具备强大影响力的"无偏见沟通者"，进而解决真实工作场景中的棘手问题。

有些时候，我们没有意识到自身存在偏见，这样的无意识偏见妨碍了人际沟通与协作。另外一些时候，可能是对方头脑中的偏见成了人际沟通的无形障碍。

总之，当沟通遇到无意识偏见，责任不一定在你。但是无论如何，你都可以做些什么改变现状，带来积极的影响。

本章要点

- 无意识偏见是指个体不曾觉察的偏离客观事实的见解，包括偏颇的认知、固定的印象、过度的概括、主观的猜测、随意的评判和限制性的假设。无意识偏见也被称为隐性偏见。

- 高质量沟通的关键在于"人际通连"，即人与人之间的联结。这样的联结仿佛在双方之间开通了一条"沟通之渠"。有了沟通的渠道作为前提，信息、思想和情感才能像水一样双向流动，碰撞激荡，良好的沟通效果才能得以呈现。

- 无意识偏见犹如隐藏在水面之下的暗礁，在人们没有意识到的情况下让沟通进入危险区。

- 无意识偏见给沟通带来了负面的影响。一旦被偏见左右，沟通就会偏离正确的轨道，人们会预先形成态度，固守先入之见，产生消极情绪，做出误判和草率的决策，甚至完全失去沟通的意愿，沟通者之间的关系也变得岌岌可危。

- 刻板印象是对特定的人、群体或事物的概括化、固定化的看法。

- 心理学研究表明，人类的大脑是这样运作的：它有两套系统，即系统1和系统2，它们分别产生快思考与慢思考两种模式。

第2章

无偏见沟通

什么是无偏见沟通

更新沟通关键认知

不同的人对于沟通有着不尽相同的理解，有些人甚至存在一些误解。对沟通的认知，决定了我们将如何进行沟通，以及能够取得什么样的沟通成果。

爱因斯坦说："你不能用导致问题的思维来解决问题。"要突破沟通的障碍，解决沟通的"顽疾"，取得前所未有的沟通成效，我们需要从最棘手的沟通现象和导致沟通搁浅的问题入手，深入探究沟通的本质，更新对沟通的关键认知，建立更高层次的思维水平，并以这样的思维水平指导具体的沟通行为，带来卓越的沟通成效。

现象1：看起来可以通过沟通解决的问题却总是无解

有些人认为，沟通是再简单不过的过程，这一过程完全基于理性和事实。因此，只要双方把该讲的话讲出来，道理说清楚，就不应当有什么问题了。

然而，从实际情况来看，很多问题看似可以通过沟通得到解决，但在现实中就是解决不了。此外，这样无解的情节总在重复上演，人们仿佛很难走出这样的沟通困境。

深入探究就能发现，沟通其实远非表面上看起来那么简单。当人们进行沟通的时候，存在着一明一暗两条线：明线是人们口中有意识的对话，暗线是头脑中无意识的心理活动。其中，无意识偏见如同暗礁，隐藏在人们看不到的地方。人们没有意识到它的存在，但它在暗处干扰着整个沟通的进程，带来一系列负面的影响，影响人们的认知和情感，造成印象失实、判断失误、决策偏颇、情绪失控和心理内耗。如图 2-1 所示。

在某种程度上，沟通会受到无意识偏见的影响。如果我们没有意识到偏见的存在，就不知道在交谈的表面之下，自己和对方的头脑中还在发生什么，也无法理解谈话遇到了什么样的无意识的阻碍，更无从着手管理由无意识的因素带来的沟通问题。

认知更新 −1	
旧的认知	新的认知
沟通完全基于理性和事实	无意识偏见干扰沟通的进程，影响人们的认知和情感，造成印象失实、判断失误、决策偏颇、情绪失控和心理内耗
沟通就是表面看到的简单过程	沟通有明暗两条线

图 2-1

因此，要达成良好的沟通结果，我们需要同时关注在无意识层面与有意识层面上的两条沟通线。

现象2：掌握了沟通技巧但沟通效果仍不理想

一提到沟通出现问题，一部分人的第一反应就是"技巧不足"，认为沟通的成败取决于技巧，因此改善沟通的重点在于提升技巧。

当人们将最大的力气放在精进沟通技巧上，掌握了沟通的"术"之后，却发现沟通的效果仍不理想，不能带来期待的影响。甚至有些时候，人们以为的完美的沟通可能根本就没有发生，发生的只是浅表的沟通，例如谈过了、开过会了、传达了、布置下去了、邮件抄送了……浅表的沟通忽略了一个影响沟通结果的关键因素，那就是沟通者之间的关系如何，是否实现了"人际通连"。"人际通连"即在两个独立的个体之间开通了沟通的渠道，有了这条"沟通之渠"，信息、思想、情感才得以双向流动。因此，沟通是否成功，首先在于沟通者之间是否形成"人际通连"，在这之后，才有沟通技巧的用武之地。换言之，"人际通连"是高质量沟通的前提。

如果人们未曾关注过与沟通者之间的关系，那么这样的沟通可能只做了一半。即便人们拥有完美的沟通技能，充分地表达了自己的想法也不可能达到理想的沟通效果，因为他们输出的信息没有被对方完全接收，也不会得到积极的回应，对方更不会按照他们的想法去做，自然谈不上有什么沟通效果。

沟通不是个人炫技，而是须由双方配合完成的互动，紧密配合的前提是"人际通连"。从这个意义上来说，沟通者之间的关系比沟通技巧更为重要。

因此，人们需要将注意力从自己的身上移开，转而关注对方的状态和需求，将沟通的重点放在双方的关系管理上，通过积极的沟通行为确保双方在关系上始终保持"人际通连"。如图 2-2 所示。

认知更新 -2	
旧的认知	新的认知
沟通的成败取决于沟通技巧，重点在于技巧管理	沟通的成败取决于沟通者之间的关系是否通连，沟通的重点首先在于关系管理
技巧更重要	关系更重要

图　2-2

当双方的关系实现了"人际通连"，即便沟通技巧尚有欠缺，亦可实现不错的沟通效果。

现象3：精于表达却疏于倾听

在一些人的观念里，善于言辞等同于善于沟通，似乎在沟通的过程中，谁更能侃侃而谈，谁便更善于沟通。然而，精于表达却疏于倾听是沟通的一个误区。

实际上，在沟通这件事上，"听"的重要性远远大于"说"。沟通最核心的技巧不在于表达，而在于倾听。

在沟通的过程中，倾听是你能给予对方的最好的礼物，同时也能为你本人带来最大的益处。在对话中，说得最多的人不一定最终受益，说得最少的人往往受益更多。只有你会倾听，对方才肯述说，也才更愿意倾听你的表达。

因此，善于沟通的人用更多的时间洗耳恭听。在一场对话之中，用来倾听的时间比例至少要占到一半。甚至有时，沟通者什么也没有说，只是全然地聆听对方的讲述，双方就已经达成了深度的理解，甚至可以让问题消失，双方的沟通也由此进入更高的境界。如图 2-3 所示。

认知更新 –3	
旧的认知	新的认知
善于沟通的人用更多的时间侃侃而谈	善于沟通的人用更多的时间洗耳恭听
表达更重要	倾听更重要

图   2-3

在今后的对话中，你可以留意自己和别人相比用了多少时间说话。当你觉察到自己说得太多的时候，可以有意识地停下来，给对方留出表达的机会。

现象4：希望通过沟通单向影响别人行不通

在有些人的心目中，沟通是影响别人的手段，所谓成功的沟通就是"说服别人按照自己的主张来"。他们在沟通中极力推销自己的主张，千方百计把自己的想法装进对方的脑袋，改变对方的想法。简言之，他们希望通过沟通单向对别人施加影响。然而，这样的方式往往不能奏效。

事实上，沟通作为人际互动的重要方式，其本质是相

互影响，即沟通不是一方对另一方做什么，而是双方通过良好的交流相互影响，共创最佳的沟通成果。

在某种程度上，"沟通就像跳双人舞，无论你个人的技巧有多高超，成功与否都取决于别人和你的配合是否完美。不论是沟通还是跳舞，伙伴之间必须相互适应和配合"[⊖]。

因此，沟通不是"独角戏"，沟通者之间需要互相尊重，彼此配合。每一方都需要倾听对方的想法，更新自己的认知，接受对方的影响；同时分享自己的信息，贡献独到的观点，投入真诚的情感，带来积极的影响。只有这样，才能让信息、思想和情感双向流动起来，实现充分的相互影响。如图 2-4 所示。

认知更新 −4	
旧的认知	新的认知
沟通是影响别人的手段，即说服别人按我的主张来	沟通的本质是相互影响，而不是一方对另一方做什么
单向影响	相互影响

图　2-4

现象5：谈判即"必须我赢"

工作场景中少不了谈判，无论是对外进行正式的商务

⊖　阿德勒，罗森菲尔德，普罗科特 . 沟通的本质：什么是沟通，为什么沟通以及如何沟通 [M]. 黄素菲，黄成瑗，译 . 郑州：河南文艺出版社，2023.

谈判，还是对内协调资源、交涉问题、寻求达成一致或妥协，都属于谈判的范畴。

提到谈判，人们很自然地认为那是一场较量，而较量的结果最好是"我赢"。在谈判中，似乎谁说得更多、声量更大、显得更聪明、更能让别人接受其观点，谁就是赢家。

然而，这种典型的单赢思维并不可取，因为这样的谈判没有考虑到对方的需求和利益，即便侥幸赢了这一次，也可能伤及长期的合作关系。

双赢的原则是所有人际交往的基础，双赢思维者把谈判看作一场合作，而非较量，相信双方可以兼顾共同利益。如图 2-5 所示。

认知更新 –5	
旧的认知	新的认知
谈判是较量，较量的结果最好是"我赢"	谈判是合作，可以兼顾共同利益，实现双赢
单赢思维	双赢思维

图   2-5

追求双赢的谈判是高度互动的沟通过程。在这一过程中，谈判双方彼此尊重，相互理解，着眼于共同利益，追求双赢的结果和长远的合作关系。

现象6：听不得不同意见

分歧往往是沟通的一大障碍。在谈话时，人们常常抱着一种无意识的期待，那就是对方要同意我的看法。当观点出现分歧时，谈话的气氛立即变得紧张，沟通者如临大敌，误以为对方提出不同的意见就是"跟自己过不去"。

然而，人们忘记了沟通的初衷和意义就在于联结开明的头脑，充分交换意见，找到解决问题的最佳方案。

因此，我们需要更新对分歧的认知。过去，我们可能将分歧看成沟通不和谐的原因，我们厌恶差异。从现在起，我们要保持开放的头脑，欢迎不同的观点，尊重有差异的想法，甚至刻意寻找不一样的声音，因为了解有差异的观点有利于开阔视野，并且这类观点可以作为一种平衡的力量，防止我们的想法、判断和决策走向偏颇，让沟通变得更具建设性，带来超出预期的丰硕成果。如图 2-6所示。

认知更新 –6	
旧的认知	新的认知
对方提出反对的意见就是跟我过不去	欢迎不同的观点，观点的差异让我们避免走向偏颇
厌恶差异	尊重差异

图　2-6

由此，我们更新了**关于沟通的 6 项关键认知**。

①沟通并非表面看到的简单过程，而是包括明暗两条线，会受到无意识偏见的影响。

②在沟通中，关系管理大于技巧管理。

③聆听比表达更重要。

④沟通的本质是相互影响而不是单向地去影响别人。

⑤沟通应追求双赢而不是单赢。

⑥有分歧才有更大的沟通收获。

认识无偏见沟通[⊖]

基于对沟通的本质、无意识偏见的干扰以及沟通要素的新认知，我们需要进一步思考更深入的问题，那就是在人们沟通时究竟发生了什么，什么样的沟通实践能回归沟通的本质，减少无意识偏见的干扰，突破沟通的困境，带来前所未有的成效。

沿着这样的思路不断探寻，沟通的"庐山真面目"终于浮出水面——在沟通时，人们实际上参与着两项活动，一是有意识的人际互动，二是无意识的心理活动。高质量的沟通取决于人们对这两项活动的妥善管理，即自我管理

⊖　无偏见沟通®已申请版权。

和关系管理：通过自我管理减少内在的心理干扰，包括去除偏见对沟通的影响，防止错误思维左右决策，反思自身存在的问题，保持谦逊的心态；通过倾听、回应、表达、尊重差异等关系管理与对方建立良好的"人际通连"，促进有效的人际互动。这就是实现高质量沟通的突破性方法——无偏见沟通。

无偏见沟通，即在沟通的全过程中有意识地进行自我管理与关系管理，减少无意识偏见的干扰，建立深层次的"人际通连"，展开基于事实的思考与探讨，达成开放的共识，带来高质量的相互影响。

无偏见沟通是基于心理学的一整套开创性的沟通解决方案，指明了无意识偏见对人际沟通的干扰，提出在沟通的全过程（沟通前、沟通中、沟通后）中进行自我管理（向内看）和关系管理（向外看），揭示了良好的沟通是相互影响的本质，明确了高质量沟通的 7 项原则，并且提供了无偏见沟通的理论、方法、工具，以及实践无偏见沟通的 7 个具体步骤（如图 2-7 所示）。

在传统管理中，人们多采用告知或命令的单向沟通方式，然而这样的方式越来越行不通。"告知或命令的好处是，除了方便快捷，还给予发号施令者尽在掌控的感觉，

无偏见沟通© 7 步模型						
Seven-step Model for De-biased Communication						
沟通前	沟通中					沟通后
开明的头脑	完整的输入	双向的交流	客观的判断	清晰的输出	开放的共识	谦逊的省思
1. 扫描偏见 Assess bias 觉察并勾选 评估影响 管理偏见	2. 全面倾听 Listen fully 开启好奇模式	3. 积极回应 Respond actively 点头 欣赏 引用 共情 澄清 提问 总结	4. 理性思考 Think rationally 放慢节奏 停下来思考	5. 简明表达 Express clearly 简言 结构化表达 确认被理解	6. 尊异求同 Seek win-win 探索多样视角 评估不同观点 达成开放共识 表达感谢欣赏	7. 虚怀反思 Reflect humbly 自我评估 采取行动
自我管理	关系管理	关系管理	自我管理	关系管理	关系管理	自我管理

图　2-7

但这是一个谬论。发号施令者让他的下属沮丧并失去内驱力，但下属不敢表现出来或提供反馈，因为他们反正不会被听到。结果是，当发号施令者在的时候，他们表示屈从，但对方一转身，他们的表现就会不同，怨声载道、消极怠工，甚至蓄意破坏。发号施令者根本就没有处于掌控地位，他们是在自欺欺人。"[⊖]

　　无偏见沟通区别于传统管理中的告知或命令的单向沟通方式，展现了谦逊、包容的领导风格，重视平等的交流，关注倾听，尊重差异，从而有效激发人们的内驱力与责任感，促成工作伙伴之间的包容和理解，有助于人们建立积

⊖　惠特默. 高绩效教练：原书第 5 版 [M]. 徐中，姜瑞，佛影，译. 北京：机械工业出版社，2019.

极有意义的协作关系，达成开放双赢的共识，共创最大化的沟通成果。

无偏见沟通者通过提高对自身偏见的觉察，对自我和人际关系的管理，排除沟通的隐形障碍，能够有效突破人际沟通的困境，实现高效的人际协作，获得前所未有的高质量沟通体验。

需要提示的是，由于人类大脑的特性，人们不可能做到完全没有偏见。无偏见沟通提倡的理念是尽可能减少那些正在干扰沟通、危害协作的偏见。随着不断地实践无偏见沟通，你会发现，哪怕只是减少一点点的偏见，都足以给人际沟通带来意想不到的惊喜，让协作关系迈进不同于以往的新局面。

无偏见沟通带来的价值

1. 突破人际沟通困境

在工作领域，沟通几乎是每一个工作岗位都要求具备的关键能力。然而，真实工作场景中的人际沟通并非总是顺利的，未必让人感到轻松，甚至对很多人来说是一件蛮有压力的事。无论工作经验的多寡，人们往往都会为如何沟通而伤脑筋，为失败的沟通买单，在职业发展的不同阶段面临着不同的沟通困境。

多年前，我与一家跨国组织的中国区董事长见面会谈。当天，我准时如约而至，对方却足足迟到了半个小时。后来的谈话非常愉快，在谈话结束之前，董事长解释道："我们这里的人才背景非常多元，来自不同国家的同事沟通起来特别成问题，很简单的事情都能变得非常复杂，沟通起来完全不在一个频道，部门之间常常发生不愉快的事，搞得我每天还要给他们'当裁判'。不瞒你说，我刚才就是因为协调两个部门的矛盾耽误了时间才迟到的。"

通常来说，能跻身组织一把手的管理人士都堪称沟通高手，他们被请来坐在这个位置上的使命之一就是做好沟通。换言之，沟通是他们的"主业"，大概要占据其70%甚至更多的工作时间，他们要达到的几乎所有工作目标都需要经由沟通来实现，包括整合内外部的资源，凝聚人心和智慧，带领全员排除万难实现战略目标。然而，即便是这些站在几千人面前出口成章的沟通高手，也会遇到上述棘手的沟通问题，也有感到力不从心的时候。

类似的困境，带领大小团队的中高层管理者也会遇到。大环境的变化、外部竞争的加剧、内部经营管理的挑战、

"五代同堂"的员工队伍，所有这些都向管理者提出了更高的要求，即在复杂的环境中吸引人才，留住团队，激励人心，交付结果。然而，现实的状况是，员工素质往往参差不齐，个性和风格千差万别。在这种前提下，如何通过良好的沟通让大家步调一致，上下同欲形成合力，达到团队预期的目标，这样的难题常常让管理者夜不能寐。相对而言，高绩效员工比较容易沟通，他们积极向上，自我驱动，无论什么事情，只要沟通过就能做到位，甚至会超出预期交付；而那些低绩效的员工工作态度消极，"躺平""摸鱼"、牢骚满腹，往往最难沟通，有时一件小事反复沟通后仍执行不到位，这实在令人沮丧。在某些时刻，他们不得不向这些员工宣布"坏消息"，给予负面的绩效反馈，这也是让管理者头痛的典型沟通场景。

　　此外，在职场中还有这样一些人，他们专业能力优秀，个人业绩出色，组织有意提拔他们承担更重要的工作，他们却表现出"对升职不感兴趣"。在他们的心目中，升职意味着要与更多的人打交道，要分配更多的时间在沟通上，但与人沟通原本就不是他们喜欢的一件事，也不是他们擅长的。在沟通方面，他们认为自己"不行"，对沟通抱着避之不及的态度。比起与人打交道，他们更喜欢做专业的事，宁愿一直做"个人贡献者"，也不愿意成为管理者。于是，沟通俨然成为一只"拦路虎"，让这些高潜力的人才"不思进取"，在职业发展机会面前却步。

对于职场的年轻人来说，他们面临的沟通难题一方面多与技能有关，最突出的是"不会说"，包括说什么（内容）、怎么说（方式）、何时说（时机），同时也存在着"不会听""不会问""不敢说"的问题；另一方面，他们对于沟通也存在着诸多困惑。

比如，沟通技能固然重要，然而，在自身沟通技能不变的前提下，沟通的结果往往"因人而异"。比如，与某个同事沟通不顺、话不投机，但与其他同事沟通则非常顺畅；与 A 领导不同频、无法沟通，但是与 B 领导则不存在沟通问题；与同龄人沟通无阻，但与资深前辈或高层领导沟通时不能自信表达；与同部门的伙伴"好说话"，但与其他部门的同事动辄"一言不合"；与本地同事什么事都能说清楚，与外国同事却怎么也说不通。总而言之，似乎人不对，事情就沟通不好；人对了，无须多言，问题就能得以解决。

有些情况下，沟通之所以不畅是由于之前的沟通出现了问题，人们希望弥补关系重启沟通。但是不知为什么，只要对方一开口讲话，心中就按捺不住不平之气，立刻想起陈年的旧账，导致情绪失控、失去理智，最后非但没解决问题，还让关系恶化。

最令人沮丧的情形，莫过于就一件事已经沟通无数次了，以为已经沟通得不能再充分了，但事后的结果表明沟通完全无效，事情仍然没有得到解决。

凡此种种，都是人们在工作领域常常面临的沟通困境。

深入研究这些真实的困境，无偏见沟通发现了一个影响沟通成败的秘密，那就是在沟通者的内心深处有一扇隐秘的"信任之门"（如图 2-8 所示），这扇门的开合决定

图2-8　信任之门

了人际关系是否通连，而"人际通连"正是高质量沟通的前提。

"信任之门"犹如"人际通连"的开关。有效的沟通有赖于彼此全面敞开"信任之门"，只有这样，双方才能在关系上建立"人际通连"，"沟通之渠"才能得以贯通。在此基础上，信息、思想和情感才能经由"沟通之渠"充分流动起来，真正的沟通才能得以实现（如图 2-9 所示）。

图2-9　信任之门与沟通之渠

在人与人沟通的过程中，"信任之门"一直在发挥其作用，它一般呈三种状态。

全开：信任程度高，人际关系通连，沟通意愿高，沟通效果佳。

半开：信任程度中等，人际关系半通连，沟通意愿中等，沟通效果中等。

关闭：信任程度低，人际关系不通连，沟通意愿低，沟通低效或无效。

在人们进行沟通的时候，"信任之门"并不会轻易敞开。人与人之间往往存在两种不信任的情况：一是不信任对方这个人，处于戒备提防的状态；另一种情况是虽然信任对方这个人，但不信任能就特定的话题与之顺畅沟通。当"信任之门"被关闭，再好的言辞也会被挡在门外，无法产生任何影响，再好的沟通技能也是枉然。这样的沟通，即便做过再多次，也始终无效。

那么，哪些因素会让人们内心的"信任之门"关闭，或者开放后又关闭呢？下面是一些主要的因素。

- 偏见（偏离客观事实的见解，包括偏颇的认知、固定的印象、过度的概括、主观的猜测、随意的评判和限制性的假设）。
- 选择性倾听（在倾听时过滤掉不喜欢或不感兴趣的内容）。
- 消极回应（主观评判、指责抱怨、急于防卫、好为人师、情绪冲动）。
- 无回应（忙于其他的事情没有倾听、未予回应）。
- 草率误判（"一拍脑袋"快速判断，不假思索草率决定）。
- 认知负担（表达冗长无序、逻辑不清，让人抓不住重点）。
- 固执己见（自以为是，排斥差异，听不得不同意见）。
- 自大自我（自以为尊，自我中心，单赢思维）。

因此，在人际沟通的过程中，我们最大的力气应当用

来敲开对方的"信任之门",贯通"沟通之渠",而不是自顾自地侃侃而谈。

在沟通的过程中,以下 7 个要素能够帮助你赢得信任,让对方内心的"信任之门"为你敞开。

- 开明的头脑,而非封闭的思想。
- 完整的输入,而非选择性的倾听。
- 双向的交流,而非单向的说服。
- 客观的判断,而非主观的臆测。
- 清晰的输出,而非长篇赘述。
- 开放的共识,而非单赢的思维。
- 谦逊的省思,而非自以为是。

上述 7 个要素是建立信任关系的关键,也是无偏见沟通的 7 项原则,每一项原则都有助于让"信任之门"保持敞开,让人际关系保持"通连",让高质量的沟通得以实现。

遵循 7 项原则,无偏见沟通可以帮助个体突破以下常见的工作沟通困难情境。

- 看不惯对方却不得不打交道。

- 此前的沟通不顺畅形成积怨。

- 不喜欢对方，不愿意听对方讲话。

- 与年长的领导／同事有代沟。

- 与年轻的小伙伴格格不入。

- 与大人物（权威人士／领导／资深人士）沟通时不自信。

- 精心准备了措辞，对方却没有听。

- 沟通良久，对方却不理解自己表达的意思。

- 沟通中未收到对方积极的反馈与认可。

- 对方有问题（情绪不稳定、顽固、爱抬杠）导致无法沟通。

- 跨部门利益冲突／优先级不一致，工作协调／谈判充满火药味。

- 跨文化沟通遭遇各种困境。

2．提升团队协作效能

除了帮助个人突破棘手的沟通困境，无偏见沟通还能从整体上提升团队协作的效能。

一支团队如何达到最佳的绩效水平？这取决于团队的能力。然而，团队的能力不是所有成员能力加起来的总和，它取决于团队成员协作的有效性。

在《高绩效教练》一书中有这样一个绩效公式，即绩效等于潜力减去干扰。

$$P（绩效）= p（潜力）- i（干扰）$$

只有当团队成员的潜力被发挥到极致，内外部的干扰因素被降至最低时，才能达到最佳的团队绩效水平。

在团队协作的过程中，无意识偏见就是存在于人们头脑之中的干扰因素，包括无意识的好恶、评判、自我服务、自我设限等。这些因素阻止人们正确感知周围的人和事，影响人际沟通的态度，破坏团队协作的质量，限制人们对自我和他人的看法，干扰人们对事情的判断乃至关键的决策，进而影响团队的协作和整体绩效水平。

试想一下，如果团队成员在上班时头脑中充满对彼此的偏见（如图 2-10 所示）却没有觉察，那么团队的氛围会是什么样？成员之间的关系会怎么样？他们能好好沟通吗？他们能通力协作达到工作目标吗？

人与人之间的偏见，是人际误解、关系不合、指责抱怨乃至矛盾冲突的开始，也是团队和组织走向一盘散沙、各自为政、协作不畅、绩效低下的深层次原因。充斥着偏见的团队往往有如下表现。

图2-10 团队成员头脑中的偏见

- 团队成员厚此薄彼,互相看不上、看不惯、合不来。
- 成员之间互相排斥、排挤甚至出现摩擦和冲突。
- 成员之间互相指责抱怨,一些人感到愤怒和被孤立。
- 出现"孤岛"、部门墙、小团体等现象,各自为政,内耗严重。
- 人才队伍同质化严重,多样性不足,创新力不足。
- 成员缺乏归属感,工作体验不佳,离职率高。
- 沟通受阻,人际协作不畅,团队绩效目标难以达到。

"有大量的数据表明偏见和绩效之间存在相关性。减少偏见可以帮助你的团队和组织取得更好的结果。事实就是

如此。"⊖

　　无偏见沟通致力于减少偏见对人际协作的影响，让人与人之间的"信任之门"完全敞开，通过全面的倾听让团队成员彼此理解、互相激发，通过尊重差异允许人们发出不同的声音，贡献多样性的观点，让团队能够集众人之智变得更加"聪明"，让决策充分考虑不同的视角从而更加审慎。

　　无偏见沟通带来的是信息的同步、思想的共识、情感的互动、关系的促进。因为"人"通连了，所沟通的"事"自然容易得到解决。

　　无偏见沟通有助于塑造包容、平等的团队文化，这样的文化如春风化雨，让拥有不同背景、风格各异的团队成员都能在团队中找到归属感和成就感，有利于所有人充分发挥其潜力，排除干扰因素，达到最佳的绩效水平；同时，高质量的沟通能让个体之间的协作形成合力，使团队形成一个高效运转的协作网络，上下同欲，有效提升团队协作的效能，如图 2-11 所示。

⊖　富勒，墨菲，周慧安 . 无意识偏见：影响你判断和行动的秘密 [M]. 张淼，译 . 北京：中国青年出版社，2022.

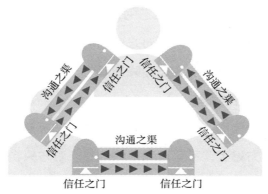

图2-11 团队中的无偏见沟通

无偏见沟通的7项原则

高质量的沟通须遵循一定的原则，无偏见沟通遵循高质量沟通的 7 项原则，这些原则是实践无偏见沟通的根本准则。

开明的头脑

充斥着偏见的头脑封闭僵化，用固定的眼光打量世界，为不正确的刻板印象所左右，带着先入之见进入对话，在沟通的过程中排斥新的信息，听不进别人的建议，也意识不到自身的问题。

　　头脑封闭的人坚信自己绝对正确，听不得不同意见，视分歧为洪水猛兽，期待对方认同自己的观点，希望在谈话中占上风。这样的姿态会降低对方与之沟通的意愿，不可能听到对方的真话。

　　头脑封闭的人常常给他人贴上固定的标签。然而，如果你给对方贴上"不可理喻"的标签，对方只会变得越来越不可理喻，因为你会不断强化这一标签以证明自己的正确性，这限制了你的客观认知。与此同时，对方也会从你的言谈举止中感受到这样的标签，对你关闭"信任之门"，甚至也给你贴上一个标签，这进一步限制了你们的协作关系。事实上，人、事、物都是常变常新的，但头脑封闭的人对人、事、物持有固定不变的认知。

　　两个头脑封闭、充满偏见的人，即便相向而坐，也不可能打开彼此内心的"信任之门"，无法实现人与人之间的联结，无法展开真正的沟通。如图 2-12 所示。

　　因此，无偏见沟通的第 1 项原则是保持开明的头脑，即思想通达、不固执，不囿于过去，不臆测未来。

　　无偏见沟通者拥有开明的头脑，具备清晰的自我认知，能够客观地看待自己，对自己有正确的认识，不自以为是地认为自己永远正确，也不会妄自菲薄、自我设限，承认自己可能存在偏见并主动管理偏见。换言之，他们深刻理解真实的自己并进行有效的自我管理。

图2-12 封闭的头脑

他们不会用固定的眼光看待人和事，具备"随时更新"的能力，允许他人做出积极的改变，拥抱新伙伴、新想法、新事物，虚心聆听，从善如流。

无偏见沟通者乐见差异，抱着开放、包容的心态投入人际沟通，充分尊重对方的想法，能够理解对方的处境和感受，包容与自己不同的背景、风格和观点，善于看到差异的价值。对他们来说，参与沟通既是给对方带去积极的影响，也能欣然接纳对方的影响。

无偏见沟通者专注于现在，既不囿于过去的恩怨，也不臆测尚未出现的未来，而是将注意力放在此时此刻的对话。一些沟通之所以无效，甚至变得越来越糟，其中一个原因是人们没有及时调整头脑中的时间状态，即对话虽然正在进行，但思绪心猿意马，不是陷于过去的"故事情节"，就是编造负面的"未来情节"，唯独没有关注此刻。当过往的不愉快经历反复回放，未来的画面挥之不去时，正在进行的沟通就会受到偏见的影响。

拥有开明头脑的无偏见沟通者情绪稳定，因为"不固执"，所以"不动心"，能理性、平和地基于事实展开沟通。

因此，无偏见沟通者可以达到这样的境界：无论是否喜欢对方，无论对方是否不可理喻，无论此前的沟通是否愉快、留下的印象是好是坏，哪怕出现了矛盾冲突，他们都能用发展和包容的眼光看待，拥有随时与他人联结的意愿和能力。这种无偏见的态度会让对方敞开"信任之门"，让即便是艰难的对话也能最终达成共识。

保持开明的头脑是无偏见沟通需要遵循的首要原则。把握这一原则，你就可以让积极的对话发生。这样的对话可以带来超乎想象的沟通效果，使你和对方都成为沟通的最大受益者。

完整的输入

沟通本身是信息输入 – 处理 – 输出的过程。这里提到的信息是广义的概念，包括消息、观点、想法、情感、数据等丰富的沟通内容。沟通质量的优劣在很大程度上取决于完整、充分的信息输入。因此，无偏见沟通的第 2 项原则是完整的输入。

在人际沟通中，倾听是信息输入的主要方式，人们通过倾听接收他人传递的信息。完整的输入即在沟通时全面地倾听对方传递的信息，不因自己的好恶而选择性地倾听，完整地接收信息，为后续的信息处理和判断决策打下坚实的基础。

全面的倾听除了可以起到充分收集信息的作用，更是沟通者有意识地进行关系管理的重要开始。全面的倾听对于建立良好人际关系的作用超乎想象。遵循这一项原则，就可以让"信任之门"打开，让"沟通之渠"贯通。

干扰全面倾听的最大障碍是评判。在充满评判的世界里，我们关注的往往只有对与错、好与坏、优与劣，并由此形成好恶。

"评判是生活的一部分。大多数人在他们的一生中都在不知不觉地评判自己和周围的人，即使不是经常，也肯定在很多时候这样做。这些评判的想法有许多转瞬即逝，看起来似乎无关紧要，而另一些则占据了你的思想，破坏着你的幸福和人际关系。在最坏的情况下，评判会成为人际

冲突的核心，会造成误解和持久的分歧。"[一]

评判一经产生，就会影响你的态度，限制你的想法，给你带来情绪上的反应，同时也限制了对方的潜力、做出改变的可能性以及沟通的意愿。因为你的评判会不经意地通过肢体语言或口头语言流露出来，而人们对于评判异常敏感，一旦对方感觉到你的评判，就会立即关闭"信任之门"，收起真心话，隐藏真实的感受。

评判造成片面的信息输入。一场谈话下来，因为评判的阻碍，我们收到的信息可能只有一半，甚至更少。一旦我们开始评判，大脑就会自动过滤掉我们不喜欢的那部分信息，进入选择性倾听的状态，这种选择性的输入让我们的想法在不知不觉中走向片面。

只有全面的倾听才能保证完整的信息输入，才能敲开"信任之门"，让对方愿意与你沟通，并且知无不言。要做到这一点，人们需要放下评判，全然专注于倾听。

双向的交流

沟通的本质在于相互影响，无偏见沟通的第 3 项原则

[一]　凯恩，拉萨特，斯泰尔斯 . 非暴力沟通：冲突调解篇 [M]. 李夏，译 . 北京：华夏出版社，2022.

是双向的交流，即通过关系管理打开"信任之门"，让信息、观点与情感在沟通者之间双向流动、碰撞、交汇、生发，最终实现相互的影响。

越是良好的沟通，双向交流就越充分，人们从中获得的益处越多，沟通者之间的关系就越被滋养。

双向的交流意味着双方是平等的。在沟通过程中，双方互为沟通的主体和客体，轮流带领这段"双人舞"。沟通者有意识地管理自己的言行，作为沟通主体时留意自己的表达在整个沟通中所占的时长，积极关注对方的需求，尊重对方的感受，通过积极的回应邀请对方"领舞"，鼓励对方进行充分的表达，自己则转换为沟通的客体，积极追随对方的脚步。

就这样，通过默契地转换各自在沟通中的角色，双方可以实现信息、思想与情感的充分交流和相互影响，由此提升彼此的认知，探索未知的领域，加强"人际通连"。双向的交流让双方从中受益，并有利于最终达成双赢的共识。

客观的判断

无偏见沟通的第 4 项重要原则是客观的判断，即在沟通时有意识地放慢节奏，理性地分析和思考，不急于做出判断，尤其是避免不假思索地做出决定。

在沟通的过程中，基于所接收到的信息，人们需要做出分析、评估、判断和决定。在真实的工作场景中，人们常常同时处理多项任务，这时大脑容易陷入无意识的"自动驾驶"状态，凭着刻板印象、直觉和经验自动做出判断，"一拍脑袋"就做出了决定。人们的决策速度太快了，以至于在做出决定之前几乎没有进行认真的思考，因为"没过脑子"，所以人们的判断力和决策力都会下降。

无意识的快速决策容易让我们误入歧途。"做出快速的决定和判断，往往会导致有误的解决方案、错误的假设、狭隘的观点和被误解的事实。"⊖仅凭直觉草率地做出判断和决定也会让对方关闭"信任之门"，丧失沟通的意愿。

要做出高质量的决策，你需要在沟通中放慢节奏，停下来花一点儿时间思考，分析所收到的信息，从不同的视角看问题，考虑各种可能性，衡量不同方案的利弊，从而做出正确的判断和决策。如有必要，你可以向对方申请专门的思考时间，或者干脆推迟决策的时间，这虽然会多花一些时间，但好过因仓促做出错误的决策。

⊖ 戴维斯. 人生算法：已被证实的使个人和团队变得更好的 15 个套路 [M]. 杨颖玥，译. 北京：中国青年出版社，2018.

遵循"客观的判断"这一原则，我们可以主动把握沟通的节奏，在沟通过程中有意识地进行理性思考，从而做出更加深思熟虑的判断和决策。

清晰的输出

无偏见沟通的第 5 项原则是清晰的输出，即用精练的语言讲清复杂的事情，让对方易于理解。

衡量沟通者表达水平的第一标准，不是沟通者的自我感觉如何，而是他的表达能否让对方易于理解。只有具备高清晰度表达的沟通者才能做到这一点。

在快节奏的工作世界里，时间和注意力都是稀缺的资源。如果有选择，人们更希望在几分钟之内听明白你的意思，而不是花几十分钟听得一头雾水。然而在实际的工作场景中，不少人一开口便是长篇大论，没有时间管理的观念，也未能注意到对方的需求和感受。长篇大论往往包含了过多的信息、复杂的语言和混乱的逻辑，耗费听者的时间和注意力，给听者带来"认知压力"，难以抓住重点，增加了理解的难度，甚至还会造成误解。因此，在工作沟通中，清晰的输出是表达的第一要务。

如果你是团队的领导者，更须下功夫训练清晰的语言

表达，高度提炼自己的思想，果断删繁就简，选择用简短
有力的语言清晰地表达自己的想法。这是领导力的重要修
炼，也将为你赢得更多的追随者。

遵循"清晰的输出"这一原则，可以让你的表达具备
清晰度，减少误解等，充分关注沟通关系和对方的需求，
有助于你与对方建立良好的"人际通连"。

开放的共识

无偏见沟通的第 6 项原则是开放的共识，即在沟通过
程中尊重差异，展开充分的讨论，寻求双赢的结果，达成
双方都认可的开放的共识。

从事理的角度看，当沟通者各自具备不同的知识体系
和独到的见解时，沟通的成果应当是双方聪明才智的总和。
但现实的情形是，沟通常常因观点的分歧而不欢而散：你
有一个观点，我有一个观点，我们的想法不一样，于是谈
话就会走向不愉快的结局。之所以出现这样的局面，是因
为人们在心理层面没有想好如何坦然面对分歧。

人们本能地厌恶分歧，仿佛谈话中出现分歧就意味着
不顺利、不友好、不愉快。当双方的观点出现分歧，人们
会明显感觉不适，沟通的场面立刻紧张起来，双方的音量不

断提高，激烈的情绪一触即发。于是，沟通的初衷被抛在脑后，赢得这场"竞赛"转而成为最重要的目标，双方都以自我为中心，急于捍卫自己的观点，认为自己的想法理所当然是对的，而对方的想法非但不可思议而且充满破绽。

分歧意味着不一致，其本质是差异。能否开放地看待差异，尊重差异，从差异中看到价值，是决定沟通成败的关键。

"冲突之所以产生，是因为每个人都是丰富且独特的，人与人之间是存在差异的，无论是认知方面的差异还是行为习惯方面的差异。而冲突的根源也往往在于冲突双方忽略了这种差异，甚至想通过控制来消除这种差异，而且常常会无视对方的情绪感受与内在需要。"⊖

我们往往会将差异看成不和谐和冲突的原因。在沟通中排斥差异会让"信任之门"关闭，阻断沟通关系，失去创新和解决问题的可能性。

当你能够以积极的眼光开放地看待差异，找到差异的价值，甚至刻意与持不同意见的人交流，展开愉快的讨论，你就走上了无偏见沟通的坦途。

⊖ 凯恩，拉萨特，斯泰尔斯.非暴力沟通：冲突调解篇 [M]. 李夏，译.北京：华夏出版社，2022.

无偏见沟通者视差异为资源，认为差异能带来如下好处。

- 不同的视角。
- 互补的观点。
- 更多的创新。
- 更加审慎的决策。
- 更多的学习和成长。
- 更好的个人与团队绩效。

每个人的认知都不可避免地受到个人视角、经验和知识体系的限制，但一件事本身具有多面性、复杂性和变化性，正确明智的决策需要多样性的认知。高质量的沟通需要包括差异化的观点、建设性的讨论和开放的共识。正如这段话带给我们的启示："与人合作最重要的是，重视不同个体的不同心理、情绪与智能，以及个人眼中所见到的不同世界。假如两人意见相同，其中一人必属多余。与所见略同的人沟通毫无益处，要有分歧才有收获。"

无偏见沟通者乐见差异，能够围绕有差异的观点展开"愉快的辩论"，寻求达成开放的共识。这种开诚布公的辩论极具建设性，是开放心灵之间的交流捷径，能够相互影响，彼此激发，有助于双方的真实思想会面，探索更多的可能性，找到问题的"最优解"；同时，也能让沟通者超越各自认知的局限，开阔视野，达到更高的境界。因此，无偏见沟通提倡听到有差异的观点不要急于反驳，因为即便是不成熟的观点，也有助于平衡我们的想法，或者引发新的思考，拓展原有的维度，让我们看到事物更为丰富的层次和真实的面貌。

开放的共识是无偏见沟通的重要原则。所谓共识，并不意味着每个人最初的要求都能被全部满足，而是着眼于共同利益，在不同的视角下和观点中找到共同点，或是共创让双方都能接受的解决办法、妥协方案，或是达成对彼此的理解。

谦逊的省思

谦逊的省思是无偏见沟通最重要的原则之一，谦逊是无偏见沟通的底色。要实践无偏见沟通，让人际沟通与协作迈上新的台阶，保持谦逊的态度是总原则。

在现实环境中，人们可能会无意识地高估自己的能力、知识等。因此，时刻保持谦逊是最为可取的态度。从根本上来说，个体对事情的认知、对他人的了解不可避免地存在局限，不太可能了解所有的信息，并且看待问题的角度也存在盲区。正如史蒂芬·柯维所言："除非有意识地跳出来审视自己的思维，否则我们可能很难发现有多少思维是扭曲、短浅甚至完全错误的。"

谦逊的省思意味着"我不知道""我可能是错的""我不一定有最好的答案""我可能存在偏见"。

无偏见沟通者将沟通视为学习，以他人为己师，带着谦逊的态度反思沟通的细节，审视自己的思考过程，质疑自己的想法和做法，思考更多的可能性。

在一段重要的沟通之后，找一个时间，回顾沟通的过程、自己的思维和行为方式，扪心自问，其中哪些部分做得好，哪些部分可以做得更好，与自己展开诚实的对话，找出可能存在的偏见和问题，精进自我认知和自我管理，并做出及时的行为调整，这是全面提升沟通能力不可或缺的重要一步。

本章要点

- 关于沟通的 6 项关键认知如下。

  ①沟通并非表面看到的简单过程，而是包括明暗两条线，会受到无意识偏见的影响。

②在沟通中，关系管理大于技巧管理。

③聆听比表达更重要。

④沟通的本质是相互影响而不是单向地去影响别人。

⑤沟通应追求双赢而不是单赢。

⑥有分歧才有更大的沟通收获。

- 无偏见沟通，即在沟通的全过程中有意识地进行自我管理与关系管理，减少无意识偏见的干扰，建立深层次的"人际通连"，展开基于事实的思考与探讨，达成开放的共识，带来高质量的相互影响。

- 无偏见沟通发现了一个影响沟通成败的秘密，那就是在沟通者的内心深处有一扇隐秘的"信任之门"，这扇门的开合决定了人际关系是否通连，而"人际通连"正是高质量沟通的前提。

- 在人际沟通的过程中，我们最大的力气应当用来敲开对方的"信任之门"，贯通"沟通之渠"，而不是自顾自地侃侃而谈。

- 7个要素能够帮助你赢得信任，让对方内心的"信任之门"为你敞开。

①开明的头脑，而非封闭的思想。

②完整的输入，而非选择性的倾听。

③双向的交流，而非单向的说服。

④客观的判断，而非主观的臆测。

⑤清晰的输出，而非长篇赘述。

⑥开放的共识，而非单赢的思维。

⑦谦逊的省思，而非自以为是。

- 团队能力不是所有人能力加起来的总和，它取决于团队成员协作的有效性。

第3章

无偏见沟通7步模型

实践无偏见沟通需要我们更新对沟通的关键认知，遵循无偏见沟通的 7 项原则，采取强有力的无偏见沟通行为，这样的行为具体分为 7 个步骤（如图 3-1 所示）。

①扫描偏见。

②全面倾听。

③积极回应。

④理性思考。

⑤简明表达。

⑥尊异求同。

⑦虚怀反思。

无偏见沟通© 7 步模型						
Seven-step Model for De-biased Communication						
沟通前	沟通中					沟通后
开明的头脑	完整的输入	双向的交流	客观的判断	清晰的输出	开放的共识	谦逊的省思
1. 扫描偏见 Assess bias 觉察并勾选 评估影响 管理偏见	2. 全面倾听 Listen fully 开启好奇模式	3. 积极回应 Respond actively 点头 欣赏 引用 共情 澄清 提问 总结	4. 理性思考 Think rationally 放慢节奏 停下来思考	5. 简明表达 Express clearly 简言 结构化表达 确认被理解	6. 尊异求同 Seek win-win 探索多样视角 评估不同观点 达成开放共识 表达感谢欣赏	7. 虚怀反思 Reflect humbly 自我评估 采取行动
自我管理	关系管理	关系管理	自我管理	关系管理	关系管理	自我管理

图   3-1

扫描偏见

什么是扫描偏见

无偏见沟通的第 1 项原则是开明的头脑。遵循这一原则，在正式展开沟通之前，我们首先要去除偏见，准备好开明的头脑。

去除偏见的前提是意识到它的存在，一旦我们觉察到无意识偏见，就可以采用相应的策略减轻其对沟通的消极影响。

觉察是一切改变的开始，这一行为本身就充满了力量，可让人发生天翻地覆的改变。反之，如果人们没有觉察，也就不会发生改变。

从人们意识到自己存在偏见的那一刻起，一切就发生了转变。觉察让人们冷静下来，诚实地面对自己，思考偏见带来的影响以及自己应当怎样做。这为下一步的开始沟通打下良好的基础。

因此，无偏见沟通的第 1 步，就是扫描偏见（如图 3-2 所示）。

无偏见沟通© 7 步模型						
Seven-step Model for De-biased Communication						
沟通前	沟通中					沟通后
开明的头脑	完整的输入	双向的交流	客观的判断	清晰的输出	开放的共识	谦逊的省思
1. 扫描偏见 Assess bias 觉察并勾选 评估影响 管理偏见	2. 全面倾听 Listen fully 开启好奇模式	3. 积极回应 Respond actively 点头 欣赏 引用 共情 澄清 提问 总结	4. 理性思考 Think rationally 放慢节奏 停下来思考	5. 简明表达 Express clearly 简言 结构化表达 确认被理解	6. 尊异求同 Seek win-win 探索多样视角 评估不同观点 达成开放共识 表达感谢欣赏	7. 虚怀反思 Reflect humbly 自我评估 采取行动
自我管理	关系管理	关系管理	自我管理	关系管理	关系管理	自我管理

图3-2 扫描偏见

扫描偏见是沟通正式开始前的自我管理行为，即沟通者有意识地觉察自身存在的偏见，评估偏见带来的影响，运用相应的策略减少偏见的干扰，为即将进行的沟通准备好开明的头脑。

扫描偏见可以帮助我们检视自己的思维习惯，"看到"

自身存在的对人、对事、对己以及在判断决策等方面隐藏的偏见，理性评估偏见对于沟通结果、关系和人际协作可能带来的影响，并采取积极的行动管理偏见。

如何扫描偏见

在进入正式的沟通之前，给自己留出一点儿时间和空间进行偏见扫描，梳理纷乱的思绪，觉察并管理以前未曾意识到的偏见，准备好开明的头脑，以开放的心态迎接一场高质量沟通的到来。

你可以使用"无意识偏见扫描仪"进行扫描，具体步骤如图 3-3 所示。

1．觉察并勾选

调整呼吸，让心绪平静下来，就本次沟通涉及的人和事，对应"无意识偏见表现"逐项进行诚实的自我检视，觉察并勾选自身存在的偏见（多选）。

2．评估影响

对于已勾选的偏见，评估并记录它们会带来怎样的影响（对于沟通结果、关系、人际协作）。

3．管理偏见

运用扫描仪中给出的相应策略管理偏见，减少偏见对

无意识偏见扫描仪

扫描偏见提示:
- 觉察并勾选:调整呼吸,让心绪平静下来,就本次沟通涉及的人和事,对应"无意识偏见表现"逐项诚实检查,觉察并勾选自身存在的偏见(多选)。
- 评估影响:对于勾选的偏见,评估它们可能带来的影响(对本次沟通结果、关系、人际协作)。
- 管理偏见:运用相应的策略管理偏见,减少偏见的干扰。

序号	无意识偏见表现	偏见类别	觉察并勾选	评估影响	管理偏见
1	用固有的印象看待人/事/物,陷于过去的成见和积怨	固定看法			以发展的眼光看待
2	给人/事/物贴上了标签	过度概括			撕掉标签
3	用局限的视角看待人/事/物,看不到全局	视野受限			换位思考,扩展视野
4	做出了并非基于客观事实的臆测、假设、判断、决策	臆测误判			基于事实,理性思考
5	仅依靠大脑无意识的反应,没有做出理性的思考	自动驾驶			清醒地驾驭头脑
6	没有平等地对待彼此(高人一等/低人一等)	不平等			平等相待
7	在沟通中总想"赢"(我总是对的,按我说的办,我要占上风)	自我中心			换位思考
8	高估自己(功劳、贡献、优点,水平或在其他方面的品质)	自我服务			基于事实感知
9	将问题/失败归咎于外因(目标不实际,时机不成熟,资源不足,合作者不给力)	自我服务			从自己身上找原因
10	对自己的能力、潜力,可得到的机会,能达到的目标等有限制性的限设	自我限制			给自己松绑
11	喜欢相似,因为对方与我有相似之处(观点、个性、背景、生活方式等)所以偏爱	亲和偏见			突破舒适圈
12	厌恶差异,因为对方与我没有相似之处(观点、个性、背景、生活方式等)所以不喜欢	亲和偏见			接纳差异
13	仅因一个正面特征/事件就自动认为对方所有方面都是正面的	晕轮效应			基于事实来评价
14	仅因一个负面特征/事件就自动认为对方所有方面都是负面的	尖角效应			基于事实来评价
15	带着年龄刻板印象看人,贬低其观点、能力、价值、贡献等	年龄偏见			基于事实来评价
16	带着性别刻板印象看人,贬低其观点、能力、价值、贡献等	性别偏见			基于事实来评价
17	自以为是,选择性地搜索、偏爱并使用信息来印证自己预先存在的观点,听不得不同意见	确认偏见			全面分析,理性决策
18	戴着"自己的文化眼镜"来看待其他群体,忽略群体中个体的特征	文化偏见			理解文化差异

图 3-3

于沟通本身及沟通结果的干扰。

扫描偏见是一个自我觉察、自我剖析、自我超越的过程，一个人最大的局限就是看不到自己的问题。通过扫描发现自己存在某些偏见一开始可能让人感到不适，然而，你越是能意识到以前不曾意识到的问题，这一环节对你越有实质性的帮助。

人要成长，就不能一味追求舒适感。事实上，反而是那些不适感更能让人"上台阶"。如果你希望超越自己，成就高质量的沟通，带来不一样的影响，解决以前让你束手无策的难题，就要主动选择离开舒适区，将镜头转向自己，面对真实的自己，提升自我认知和自我管理。

进行扫描之后，如果你没有觉察到任何偏见，则可以重复扫描，重新审视自己在工作中与不同相关方相处的状态，以及对人、对事、对己的习惯性思维，检视认知的误区。当然，这并不容易，但"一直是那样的"并不意味着那一定是对的，你需要大胆质疑自己的习惯性态度和假设。因此，反复扫描偏见可能会给你带来新的发现。

经过反复的扫描和自我检视，如果你没有发现自己在工作沟通领域存在明显的无意识偏见，那么恭喜你，这说明你已经具备了开明的头脑。

　　在有些情况下，你可能非常确信自己的看法是基于事实而非偏见。例如，你的上司是一个顽固不化的人，从来不听别人的建议，这一点已经得到公认，人们在背后都称其为"老顽固"，这是铁一般的事实。然而，你可能没有意识到，"老顽固"本身就是一个标签，当你在对方的身上贴了这样的标签之后，你用这样的标签定义了对方，把他框在了"老顽固"的负面角色里，将其言行都理解为"老顽固"。这一标签不仅限制了对方的发展，也限制了你头脑中的认知，带来了不愉快的心理感受。于是，你们之间互有看法，又不得不勉为其难地合作，这给你们各自增加了心理负担，也让你们的关系进入恶性循环。想要改变现状，你需要意识到自己头脑中的标签，撕掉这样的标签，以全新的眼光打量对方，允许对方发生积极的变化，这样你们才有可能展开无偏见的沟通与协作。

　　此外，有些时候，你所沟通的对象可能存在着明显的偏见。这里需要澄清的是，无偏见沟通不意味着对方没有偏见，或者没有责任做出任何改变，但问题是，你无法强制对方做出改变。你能做的最有效的行为就是以身作则，即通过自我管理（向内看），首先放下自己的偏见，让对方感受到你的开放、包容，建立信任关系，由此带来实实在在的影响，将对方与你的沟通一步步引至积极的方向。

经过扫描偏见之后，你的头脑会变得清醒，很可能会有豁然开朗的感觉，心情也会格外轻松，这为接下来进行高质量的沟通做了充分的准备。

若你在开始沟通之前没有条件使用扫描仪正式地扫描偏见，你也可以在头脑中对无意识偏见进行"快捷扫描"，具体方法如下：

①快速觉察：检视自己对人（谈话对象、相关方）、对事（所谈话题、关联事项、特定场景）、对己是否存在偏离客观事实的见解。

②快速评估：评估这样的偏见会带来怎样的影响。

③放下偏见：选择放下偏见，准备好开明的头脑。

"快捷扫描"是一个简单有效且行得通的办法，可以在沟通之前拿来就用，也可以在沟通之中按需使用，帮助你避开沟通的"暗礁"。

▎知行练习关键指南 ▎

▬你可以有意识地通过行动增强自己对无意识偏见的管理。

— 如果条件允许，建议你在沟通前进行正式的偏见扫描，这可以为接下来要进行的沟通带来积极的影响。

— 如果条件不允许，你也可以在沟通开始后或者在沟通过程中尝试"快捷扫描"，时时清理头脑中可能存在的偏见。

全面倾听

什么是全面倾听

无偏见沟通的第 2 项原则是完整的输入。遵循这一原则，无偏见沟通的第 2 步是全面倾听（如图 3-4 所示）。

无偏见沟通© 7 步模型						
Seven-step Model for De-biased Communication						
沟通前	沟通中					沟通后
开明的头脑	完整的输入	双向的交流	客观的判断	清晰的输出	开放的共识	谦逊的省思
1. 扫描偏见 Assess bias 觉察并勾选 评估影响 管理偏见	2. 全面倾听 Listen fully 开启好奇模式	3. 积极回应 Respond actively 点头 欣赏 引用 共情 澄清 提问 总结	4. 理性思考 Think rationally 放慢节奏 停下来思考	5. 简明表达 Express clearly 简言 结构化表达 确认被理解	6. 尊异求同 Seek win-win 探索多样视角 评估不同观点 达成开放共识 表达感谢欣赏	7. 虚怀反思 Reflect humbly 自我评估 采取行动
自我管理	关系管理	关系管理	自我管理	关系管理	关系管理	自我管理

图3-4 全面倾听

沟通的目的是达成共识和做出决策，高质量的共识和决策取决于此前的信息输入是否全面、充分，而获取信息最主要的方式就是倾听。在这个意义上，"会不会听"对沟通的效果是决定性的，全面倾听是成为无偏见沟通者的关键。

通常，人们在工作沟通中的倾听大致可以分为 4 个层次（如图 3-5 所示）。

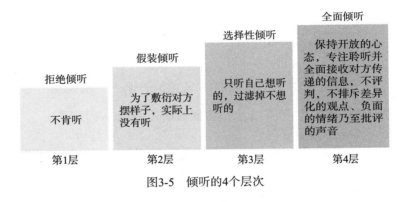

图3-5   倾听的4个层次

第 1 层：拒绝倾听，即不肯听。出于主观或客观的原因而拒绝倾听，因此阻断了人际关系的发展和信息的输入，导致双方根本无法沟通。

第 2 层：假装倾听，即人们没有专注于倾听却表现出在听的样子。这多是为了敷衍而摆的架势，实际上并没有听，或仅听到只言片语，未能全面理解表达者所说的内容。这一层次的倾听在真实工作场景中并不少见，尤其是当倾听者忙碌的时候，就会一边听一边做其他的事情。假装倾听让对方感到被敷衍、被忽略，甚至感到愤怒，这一层次的倾听不利于建立信任关系，沟通效果不佳。

第3层：选择性倾听，即当对方说话时选择性地关注对方发出的信息，只听自己想听的部分，过滤掉其他部分。选择性倾听可能是有意识的选择，也可能受到无意识偏见的干扰，无论如何，它都会造成我们片面地获取信息，错过重要的细节，导致不全面的理解、误解或误判，不利于人际关系发展，使沟通效果受限。

在以上3个倾听层次中，倾听者的注意力要么全部放在自己身上，要么只是部分投向对方，不能收集到对方输出的完整信息，无法了解对方真正的想法，更无从理解其内在的情感和需求，不利于建立沟通者之间的"人际通连"，无法产生理想的沟通效果。

"真正地被'倾听'，并真正地被'听到'是很奢侈的。大多数人都不擅倾听，大家在学校被告知要倾听，却没有被训练或被指导如何倾听。通常，当人们表现出似乎在倾听时，他们只是在等待他们发言的时机，一旦时机到了，他们就会按照自己的程序行事。他们可能会谈论一些完全不相关的事情，或者想要分享他们自己的经验、想法和观

点，或者给出一些建议。"⊖

第 4 层：全面倾听，这是无偏见沟通的倾听方式。

全面倾听是在沟通过程中放开心态，将全部注意力投向对方，专注地聆听，全面地接收对方传递的信息，不排斥差异化的观点、负面的情绪乃至"逆耳"的声音。

全面倾听是真正意义上的倾听，体现了强大的同理心。"当你在倾听的时候，你不是在把你的观点强加给别人。你不是在试图弄清楚如何让他们从你的角度看待这件事情。你是在保留自己的观点，留出足够的时间来真正走进那个人的世界，试着从他们的角度去理解他们所说的事情。"⊜

倾听的层次直接决定了信息获取的程度、沟通的结果以及沟通者之间的关系。

全面倾听创造了安全、无压力的沟通氛围，让对方更愿意分享真实的想法和感受，带来的是最大程度的信息输入，为后续的讨论与决策环节提供了全面的依据，并且有助于及早发现问题和解决问题。只有通过这种开放式的倾

⊖ 惠特默.高绩效教练：原书第 5 版 [M].徐中，姜瑞，佛影，译.北京：机械工业出版社，2019.
⊜ 阿德勒，罗森菲尔德，普罗科特.沟通的本质：什么是沟通，为什么沟通以及如何沟通 [M].黄素菲，黄成瑗，译.郑州：河南文艺出版社，2023.

听，允许不同的声音进来，才能得到更丰富、更全面的信息，才有可能更好地识别问题，看清现实，找到最佳的解决方案。

作为管理者，如果仅进行片面的倾听，后果会很严重，这相当于阻断了正常沟通的渠道，阻止人们对你"讲真话"，导致下属选择性汇报工作，过滤掉坏消息，掩盖存在的问题，直到问题严重到无法掩盖。这也是为什么在有些组织中，高层管理者往往是最后一个知道真相的。

沟通本身是相互影响。在某种程度上，你的听与不听决定了对方的态度（合作与不合作）。全面倾听这一行为可以将对方引向合作的态度，与你交换更多的信息和想法，建立更好的协作关系。

全面倾听是有意识的关系管理，其本身就是建立关系并激发信任的强有力方式，是贯通"沟通之渠"最有效的行为，让对方愿意为你敞开"信任之门"。

全面倾听展现了包容性，仅此一项关键行为就可以带来超出想象的沟通效果。因为没有什么比"被倾听"更能让人感觉良好的了，它带来的是"被尊重""被接纳""被理解"的感受，这是人们内心深处最强烈的需求。在任何关系中，信任和理解都至关重要，尤其是当双方意见不一致时，全面倾听尤其重要。

全面倾听并不意味着对方所言全部正确，或者你完全赞同对方的观点，但是无论如何，在这一环节，你都不妨静下心来先听对方怎么说。当你在本想表达的时候选择了倾听，你可能会收获更多。当对方感觉自己被听到、被理解，他们也会更愿意投入注意力倾听你的表达。

如何进行全面倾听

在工作领域，倾听能力影响着人际协作的方方面面。但是在现实中，不少人还没有意识到它的重要性，糟糕的倾听者随处可见，其中包括不少高级管理者。

"不幸的是，大多数沟通者自认为的倾听能力和他们能够真正理解他人的能力之间并没有关联。在一项经典的研究中，一组经理被要求对他们的倾听能力进行自我评估。令人惊讶的是，没有一个经理认为自己是一个'糟糕'或'非常糟糕'的倾听者，94% 的经理评价自己的倾听能力为'好'或'非常好'。这种良好的自我评价与经理下属的看法形成了鲜明对比，许多下属表示他们领导的倾听能力很弱。"[○]

○　阿德勒，罗森菲尔德，普罗科特.沟通的本质：什么是沟通，为什么沟通以及如何沟通 [M]. 黄素菲，黄成瑗，译.郑州：河南文艺出版社，2023.

倾听看似简单，实则不易，因为人们在听的过程中会遇到以下这些障碍。

- 无意识地评判对方的人品、风格、背景等，以其人废其言。
- 边听边自动联想，或者思考如何做出回应或反驳。
- 听不进逆耳的真话、异见和批评。
- 急于给建议，认为自己知道最好的答案。
- 无意识排斥特定的人、谈话主题或谈话中涉及的内容。
- 倾听时心不在焉。
- 沟通之前已有先入之见。
- 沟通中固执己见。

在这些障碍当中，**倾听最大的敌人就是评判。**

评判是一种自大的态度，虽然事实上每个人不懂的事情都很多，但却几乎可以对每一件事迅速做出评判。评判者往往会跳过对客观情况进行细致观察这一步，仅根据浅表的信息和过往的经验就直接下结论。其内心台词是"我都知道"，俨然是能判定是非的"法官"，将人、事、物主观地分为对与错、好与坏，优与劣，在头脑中快速打钩或者画叉。

评判是沟通中的噪声，造成"不听""假装听"或"选择性倾听"，导致人们无法收集完整的信息，理解对方表达的真正含义，看不到事情的真实面貌，找不到解决问题的正确方案。

评判直接关闭"信任之门"，阻断"沟通之渠"，并且带来一种负向的能量。每一次评判，都无异于筑起一道墙，让自己的世界变得狭隘，让人际关系变得疏离，让问题变得更糟。

开启好奇模式

能让人们放下评判的是好奇。好奇是"承认自己不知道"，是对未知保持开放的态度和浓厚的兴趣。

坦白说，好奇才是更符合现实的一种态度。因为没有人能获取所有的信息、拥有全部的智慧或者完全了解他人，也没有人能够永远正确。

好奇是打开新天地的总钥匙，带来的是势不可挡的积极力量。在好奇模式下，人们顾不上评判，放下了偏见，取而代之的是探索、学习和理解，得到的是更多的知识、广阔的视野和开放的心灵。有这样心灵的人有能力进行更深层次的对话，建立更深入的人际联结。

"当事情变得艰难时,你要变得好奇而不是批评,这将确保伙伴关系和相互协作不会脱轨。除此之外还有更多——通过对发生的事情感到好奇,你可以让自己进入一个全新的视角,那就是和你共同工作的那个人的视角。这为双方创造了学习和发现的机会,并最终实现双方的协同一致。"⊖

做到全面倾听的一个方法就是以好奇代替评判,以开放的心态和真诚的理解来进行沟通,全然地倾听对方,在对方完成表达之前不做评判,不急于下结论。

那么,在倾听别人讲话的时候,如何让自己保有好奇心呢?

你需要转换内心的台词,从"不用说了,我都知道"到"我不知道,很有兴趣听你说"(如图 3-6 所示)。

从评判到好奇	
旧的内心台词	新的内心台词
"不用说了,我都知道"	"我不知道,很有兴趣听你说"
评判	好奇

图 3-6

用这样的内心台词开启好奇模式,我们就能做到全面

⊖ 惠特默. 高绩效教练:原书第 5 版 [M]. 徐中,姜瑞,佛影,译. 北京:机械工业出版社,2019.

倾听。这是一个神奇的开关，可以在瞬间改变我们的心态，以及之后的一切。

全面倾听体现了无声的包容。如果你能在身边找到一位善于倾听且不评判的榜样，这将会对你理解什么是全面倾听并且快速提升倾听能力有实质性的帮助。

例如，我的祖母就是一位伟大的倾听者，无论多忙，她都会放下手上的事情专注倾听对方的表达。她用倾听创造了温暖、包容的对话空间，也正是因为这样全面的无评判的倾听，她总是听到真心话，总是能与各种各样的人保持融洽的关系。这背后，除了好奇心，还有同理心和关心。

▎知行练习关键指南▎

- 获得全面倾听的能力没有想象的那么简单，需要有意识地观察与练习。
- 寻找你身边的倾听榜样，观察他们做了什么，带来了怎样的效果，你可以从中学到什么。
- 在每一天的工作沟通中，选取一个场景，不做别的，就带着满满的好奇心倾听某个人说话。如果不小心走神，或者内心出现评判的声音、反驳的想法、给建议的冲动，这说明你对自己有了比以前更深刻的觉察。这时，你需要做的就是做一个深深的呼吸，然后带上好奇心继续倾听。

— 在团队会议中，可以用这样的方法训练团队成员全面倾听的能力：每一位成员在发表自己的意见之前，须全面概述上一位同事表达的内容，且要说到上一位同事满意为止。通过这样的方法，可以帮助团队成员觉察自己的倾听质量和改进的方向。

积极回应

什么是积极回应

无偏见沟通的第 3 项原则是双向的交流。遵循这一原则，无偏见沟通的第 3 步是积极回应（如图 3-7 所示）。

积极回应是在倾听对方的表达时给出及时且恰当的响应，让对方知道自己在听，鼓励对方充分表达，增强对话的流动性，从而实现双向的交流。

良好的沟通不是单向的输出，而是双向的互动。在对方进行表达的同时，或者结束一段表达之后，沟通者均可

无偏见沟通© 7 步模型						
Seven-step Model for De-biased Communication						
沟通前	沟通中					沟通后
开明的头脑	完整的输入	双向的交流	客观的判断	清晰的输出	开放的共识	谦逊的省思
1. 扫描偏见	2. 全面倾听	3. 积极回应	4. 理性思考	5. 简明表达	6. 尊异求同	7. 虚怀反思
Assess bias	Listen fully	Respond actively	Think rationally	Express clearly	Seek win-win	Reflect humbly
觉察并勾选	开启好奇模式	点头	放慢节奏	简言	探索多样视角	自我评估
评估影响		欣赏	停下来思考	结构化表达	评估不同观点	采取行动
管理偏见		引用		确认被理解	达成开放共识	
		共情			表达感谢欣赏	
		澄清				
		提问				
		总结				
自我管理	关系管理	关系管理	自我管理	关系管理	关系管理	自我管理

图3-7　积极回应

给出积极的回应。这样的回应让对方内心的"信任之门"继续保持开放，让信息、思想和情感来回畅快地流动。

积极回应是在沟通中进行关系管理的重要步骤，对表达者和倾听者都有益处。

回应是向表达者发出的积极信号，表明你在倾听并且鼓励对方继续分享。对方会根据你的回应了解自己的表达所带来的影响，决定继续分享更多的内容还是不再分享。

积极回应是倾听者积极参与对话的重要表现。回应是跟随，也是带领。通过提出问题，你可以引领双方谈话的方向，扩展谈话的维度，增加新的探讨，让对话变得更具建设性。

在工作场合，不少人把工作沟通当作例行公事，在听别人讲话时很少给出回应，这让表达者感到孤独、失望甚至尴尬。没有得到回应会阻碍对方进行充分的表达，降低沟通的意愿，不利于双方建立良好的"人际通连"。

如何做到积极回应

人们需要且完全可以培养积极回应的能力。积极回应的方式主要包括 7 种：点头、欣赏、引用、共情、澄清、提问、总结。所有这些回应的方式都是在提供积极的反馈，鼓励表达者分享更多，让对话在双方之间来回流动，并增强双方之间的信任。

1. 点头

点头是在表达者说到关键处用身体语言给予的积极回应，通过头部向下运动表明"听到"。这一回应方式让表达者感到被倾听，有助于建立"人际通连"，并让沟通保持良好的流动性。

点头回应并不起眼，以至于常常被人们忽略，但它以无声的方式体现出对表达者的尊重，并且传递了一种"微鼓励"，鼓励对方进行更多的分享。其作用有时更甚于言辞，带来的是积极的对话氛围，有助于维护沟通的互动性，建立信任关系。因此，点头回应被善于沟通的人视为至宝。

一方在充分表达，另一方在点头回应，这就是良好沟通的标志。

点头回应不一定意味着你完全同意对方的说法，而是告诉对方你收到了他发出的信号，并且尊重他这个人。

用于点头回应的示例：

"这是我们今年工作的**一大亮点**。"←←← 积极回应（点头）。

2. 欣赏

欣赏是对表达者的言行、品质、贡献给予积极的肯定，鼓励对方进行更多的表达。

随着一句欣赏的话语被表达，沟通者之间瞬间产生"人际通连"。这一回应方式可以立竿见影地拉近沟通者之间的关系，敲开对沟通来说至关重要的"信任之门"。

真诚的欣赏胜过实际的奖赏。被欣赏、被认可是人们内心深刻的情感需求，可以增强表达者的自我价值感，让人们对自己充满信心，对谈话充满热情，与对方建立好感。

然而，如此真实的情感需求在工作沟通中并未得到充分的满足。大量的工作沟通还停留在公事公办、就事论事的阶段，人们吝于给予彼此欣赏和认可，这让人际关系变得没有温度，也让沟通因此流于表面。

若想建立有温度的关系，带来良好的沟通体验，提高交谈的深入程度，向对方表达欣赏必不可少。

用于欣赏的表达示例：

"你这个提议太好了，解决了团队的大问题！"

"我发现你特别善于抓住新机遇！"

"你总是能在关键时刻超常发挥！"

3．引用

引用是在倾听的基础上抓住对方所表达的关键词或关键表述，在给出的回应中引用该关键词或关键表述。

引用这一回应方式相当有价值，它向对方表明"我不但在听，而且在认真地听"，让表达者感到被关注、被认可，同时帮助回应者赢得信任，使双方的内心产生强烈的共鸣。

引用看似平常，却以一种微妙且有力的方式深化了"人际通连"，让表达者在很大程度上受到鼓舞，有意愿更多地投入到对话中来，分享更多有价值的内容。

尤其是当双方的观点不一致，沟通气氛变得紧张，出现防备心理的时候，运用引用的回应方式可以及时扭转危局。这时你需要做的是：重点关注对方的表述，抓住其中的关键词，然后大声地引用。对方听到后会放下防备的心理，改变对你的态度，重新对你敞开沟通的大门。

用于引用的表达示例：

"你提到的'铁三角模式'让我很受启发！"

"'把复杂的事情变简单'，这个思路好！"

4．共情

共情是一种积极的回应方式，即带着同理心倾听对方的表达，包括说出的部分和未说出的部分，然后识别、理解并准确地说出表达者的感受。

共情让表达者感到被深深地理解，可以有效增进"人际通连"，让双方建立深度的信任关系。

一般意义上的倾听重在了解对方的观点，但是，如果你能够与对方共情，则会让彼此的关系上升到新的高度。因为在情感上，被理解是人们最深刻但也是最未被充分满足的情感需求。很多时候，你无须提供具体的帮助，单单通过一个"共情"的行为，便可建立深深的理解，乃至解决棘手的问题。

此外，用恰当的词汇说出对方的感受对表达者理清自己的思绪也有帮助。因为当表达者深陷其中时，可能并不清楚自己在经历的究竟是什么样的情绪，而你的回应让他感到清晰，感到释怀，帮助他更好地觉察自己的情绪和需求。

要做出共情的回应，你需要付出注意力、耐心和同理心，全神贯注地聆听，不打断对方的表达，不评判对方的观点，设身处地理解对方的感受。

用于共情的表达示例：

"所以，同事的说法让你感到特别寒心。"
"能感觉到你对我很失望。"
"出现那样的情况确实令人气愤。"

5．澄清
澄清是在倾听对方的表达时，就不理解或错过的某些关键信息请对方重复或进一步说明，以此来检查自己是否

正确理解了对方表达的内容，确保双方信息完全同步，避免误解。

澄清体现了倾听者积极、负责任的沟通态度，并向表达者表明正在倾听、感兴趣并积极参与对话。倾听者这样做会受到表达者的热烈欢迎，他们会非常乐于解答倾听者提出的问题。

澄清对于沟通的有效性至关重要。错过某些细节可能会导致你不理解整个谈话的主题和表达者的意图，因此，如果你希望更好地理解对方所说的话，在倾听中遇到不清楚的地方不要等待，可以立即恳请对方澄清，以免在对话中始终带着疑惑。或者，你也可以将问题记录下来，待对方的表述告一段落再请其做出澄清。运用澄清的回应方式时，需要注意不要过于纠缠无关紧要的细节，从而忽略了整个谈话的大局。

用于澄清的表达示例：

"不好意思，我没听清楚，能请您再说一遍吗？"

"抱歉，不知道您能说得更具体一些吗？"

"您提到的痛点，能帮忙举几个例子吗？"

"抱歉我还是没懂，能换个通俗易懂的说法吗？"

"您提到……那究竟指的是什么，能请您多解释一下吗？"

对方澄清之后，表达感谢的示例：

"谢谢您专门为我重复一遍，这下我听清楚了。"

"您举的例子特别生动，我一下子就明白了，谢谢！"

"感谢您的进一步解释，我现在完全懂了！"

"谢谢您的耐心解释，我现在完全明白了！"

"感谢您详细地解释了这一点，我现在没有任何问题了。"

"谢谢您的确认，很高兴我们对这件事的理解完全同步了！"

6．提问

提问是在沟通中就谈话的内容提出新的或更深入的问题，扩展谈话的广度或深度，激发更多的探索和分析，获取进一步的信息。

倾听者主动提问意味着对表达者的表述感兴趣，希望了解更多，鼓励对方继续表达。

好的问题能引发深入的思考，提升双方的认知，提高洞察力，有助于探索更多的可能性，让对话更具建设性和突破性。

能提出好问题是一项十分重要且值得学习的沟通技能。

好的问题通常是开放式的。开放式问题通常以"什么""还有什么""如何""怎么""何时""何地"这样的疑问词发问，开放地邀请对方自由发言并分享信息、观点或感受。在回答开放式的问题时，人们自然会进行更多的思考，提供更多的信息，给出无固定格式但有独特价值的答案。

与开放式问题相反的是封闭式的问题，回答这样的问题只需要从肯定或者否定的答案中二选一，无须进行更多的思考，也没有机会分享更多的信息和想法。

例如：

封闭式问题："你有信心完成今年的绩效目标吗？"

回答："有。"

封闭式问题："有困难吗？"

回答："没有。"

（对话结束）

如果你需要在沟通中收集更多的信息，扩展双方的视野，引发更深入的思考，引入挑战，增强双方的责任感，就需要提出开放式的问题。

"开放式问题要求描述性的答案，从而提升觉察，而封闭式问题则是要求绝对准确的回答，'是'与'否'这样的答案关闭了进一步探索细节的大门"。[一]

例如：

开放式问题："是什么让你有信心完成今年的绩效目标？"

回答："现在是年中，我已经完成了全年目标的70%，接下来的6个月完成30%应该没问题。"

（对话继续）

开放式问题："恭喜你刚刚加入公司就做得这么好！你是如何做到的？"

回答："谢谢您的鼓励！我上半年下了大功夫做好客户沟通，了解他们深层次的需求，帮助他们协调解决在产品使用中遇到的问题，与客户建立了很好的信任关系，大部分客户都在重复购买我们的产品。"

[一] 惠特默.高绩效教练：原书第5版[M].徐中，姜瑞，佛影，译.北京：机械工业出版社，2019.

开放式问题:"太好了! 下半年你预见到有哪些挑战?"

回答:"挑战还是有的,受大环境的影响,很多客户内部都在降本增效,有2家客户取消了之前签订的购买合同,不过与此同时,也有其他客户帮我推荐了3家新的大客户,有望补齐销售额的缺口。"

开放式问题:"太好了,你的客户工作做得非常稳健,依我看,你还能超额完成目标! 接下来有什么需要我支持的,随时告诉我。"

回答:"好的领导,我争取超额完成任务! 有什么需要会第一时间向您汇报,感谢您的信任和支持!"

需要提示的是,提出开放式问题的时候,应尽量避免以"为什么""为什么不"开头,因为这样可能让对方听起来有评判和指责的意味,进入防御的心理状态,反而不能畅所欲言。

用于提问的表达示例:

"除此之外,你认为还有什么其他的可能性吗?"

"如果你是客户,会怎么想?"

"下一步你打算怎么做?"

7．总结

总结是一种积极回应的方式，是指在倾听对方完整的表达之后回顾并概述所听到的所有要点，让对方知道自己听到了什么，并确认是否正确理解了对方表达的含义。

简洁到位的总结让沟通具备高清晰度，让沟通效果更好地显现，尤其是在表达者做了较长时间的表述之后，引入总结的方式作为回应，可以让双方都准确抓住重点，对沟通内容的理解完全同步，而且还可以强化重要的观点。

总结让表达者感受到被聆听、被理解、被尊重。在进行总结时，你可以引用对方的表述要点和关键词等，这样做会收到令人惊喜的沟通效果。

总结回应要尽可能做到高度概括，删除细枝末节，提炼出几个清晰的要点（以3～5个为宜，要点过多会影响总结的清晰度）。总结的时长在2～3分钟为宜，这样既能确保双方的信息同步，也能为后续展开讨论留出充足的时间。

在总结的最后，请对方就你的总结是否到位予以确认，并做出必要的补充和更正。

用于总结的表达示例：

"感谢你花时间跟我沟通，我总结一下听到的要点……
你看我理解得怎么样？"

"感谢您分享了这么多，我理解我们现在要做的是……
是这样吗？"

"您的分享对我特别有帮助，我来确认一下自己的理解
是否正确，有不对的地方随时纠正我。"

以上是积极回应的 7 种方式，简要梳理如图 3-8 所
示。积极回应是无偏见沟通的重要环节，有助于推进双方
的交流进程，建立信任关系，并让信息、思想、情感在
"沟通之渠"双向畅快地流动。

▎知行练习关键指南 ▎

— 在所有的回应方式中，也许我们最应当着重练习的就是欣
赏。这是在工作沟通中常常稀缺却最应被更多表达的积极
回应方式。你可以尝试这样的练习：选择一个对你来说最
重要的相关方，可以是你的同事、上司或下属，想一想他
具备什么样的优秀品质或过人之处，或为你/团队做出过什
么样的重要贡献，用2～3句话向对方表达你对他的欣赏。
然后，从这里开始，将表达的对象扩展至工作中的其他相

积极回应工具包			
回应技术	目的	具体回应方法	示例
点头	用身体语言给予积极回应，让表达者感到被倾听	在表达者说到关键处点头回应	"这是我们今年工作的**一大亮点**。"（点头回应）
欣赏	提升沟通关系，鼓励更多表达	对表达者的言行、品质、贡献给予积极的肯定	"你这个提议太好了，解决了团队的大问题！" "我发现你特别善于抓住新机遇！" "你总是能在关键时刻超常发挥！"
引用	让表达者感到被关注、被认可	在回应中引用表达者提及的关键词或关键表述	"你提到的'**铁三角模式**'让我很受启发！" "'**把复杂的事情变简单**'，这个思路好！"
共情	让表达者感到被深地理解，增进"人际通连"	识别、理解并说出表达者的感受	"所以，同事的说法让你感到特别**寒心**。" "能感觉到你对我很**失望**。" "出现那样的情况确实令人气愤。"
澄清	检查倾听者的理解是否正确，确保双方信息同步，避免误解	就不清楚的地方请表达者重复或进一步说明	"不好意思，我没听清楚，能请您再说一遍吗？" "抱歉，不知道您能说得更具体一些吗？" "您提到的痛点，能帮忙举几个例子吗？" "抱歉我还是没懂，能换个通俗易懂的说法吗？" "您提到……那究竟指的是什么，能请您多解释一下吗？"
提问	引发深入思考，提升双方的认知，提高洞察力，有助于探索更多的可能性，让对话更具建设性和突破性	提出开放式问题	"除此之外，你认为**还有什么其他**的可能吗？" "如果你是客户，会**怎么想**？" "下一步你打算**怎么做**？"
总结	回顾并概述你所听到的所有要点，让对方知道你听到了什么，并确认你是否完全理解了对方表达的含义	表达感谢，总结所听到的要点，确认理解是否正确	"感谢你花时间跟我沟通，我总结一下听到的要点……你看我理解得怎么样？" "感谢您分享了这么多，我理解我们现在要做的是……是这样吗？" "您的分享对我特别有帮助，我来确认一下自己的理解是否正确，有不对的地方随时纠正我。"

图 3-8

关方。

- 引用是最简单易行且收效甚好的回应方式，从现在开始，尝试在倾听时抓住对方表述的关键词，然后将这样的关键词嵌入你的发言中，直至成为习惯性的沟通行为。这不仅可以让你更专注地听，还能让对方更积极地说。

- 提出开放式问题是重要的沟通技术，这需要大量的练习。在最开始，你可能还是习惯性地提出封闭式的问题。例如：

"这件事这么处理行得通吗？"

- 话音刚落，你随即意识到这是个封闭式问题。这时，你可以将其改成开放式的问题再问一遍，以"什么""还有什么""如何"等发起提问。例如：

"是什么让你认为这样处理行得通？"

理性思考

什么是理性思考

无偏见沟通的第 4 项原则是客观的判断。遵循这一原则，无偏见沟通的第 4 步是理性思考（如图 3-9 所示）。

理性思考是更深刻的思维方式，即在沟通中有意识地

无偏见沟通©7步模型						
Seven-step Model for De-biased Communication						
沟通前	沟通中					沟通后
开明的头脑	完整的输入	双向的交流	客观的判断	清晰的输出	开放的共识	谦逊的省思
1. 扫描偏见 Assess bias 觉察并勾选 评估影响 管理偏见	2. 全面倾听 Listen fully 开启好奇模式	3. 积极回应 Respond actively 点头 欣赏 引用 共情 澄清 提问 总结	4. 理性思考 Think rationally 放慢节奏 停下来思考	5. 简明表达 Express clearly 简言 结构化表达 确认被理解	6. 尊异求同 Seek win-win 探索多样视角 评估不同观点 达成开放共识 表达感谢欣赏	7. 虚怀反思 Reflect humbly 自我评估 采取行动
自我管理	关系管理	关系管理	自我管理	关系管理	关系管理	自我管理

图3-9 理性思考

放慢节奏，停下来思考，克制不假思索的自动反应，从而在沟通中做出无偏见的判断和决策，为后续的表达和讨论环节做好准备。

在沟通中很容易出现这样的情形：人们在听对方完成讲述后或者甚至对方还未完成讲述，就有了飞速的判断，"一拍脑袋"就下了笃定的结论，不假思索就拒绝了一个新想法，"不过脑子"就同意了其他人都同意的方案……由于人们在头脑中已经做出了判断，拿定了主意，所以接下来再怎么讨论也改变不了什么。

理性思考意味着人们觉察到自己可能存在偏见，意识到需要启动深入的思考，而不是仅凭自己的印象、直觉、经验就仓促下结论。

理性思考是自我管理的重要一步，有助于停止大脑的"自动驾驶"，调动理性的思索与分析，让人们清醒地驾驭自己的头脑。

在这个追求"快"的时代里，"快"似乎是被默认的思考节奏。但是"快"不意味着"对"。很多时候，我们有必要有意识地放慢节奏，停顿一下，想清楚再行动，才不至于努力了却跑错方向，或者错过解决问题的最佳路径。

为了使沟通富有成效，我们需要刻意培养慢下来思考的能力。这是一项值得培养的能力，可以帮助提高我们的判断力和决策能力。

"当我们的思维快速运转时，偏见就会发生。如果我们可以花点儿时间审视自己的想法，我们就能看到偏见是否影响了我们的决定和反应。"⊖

对于重要的工作决策，尤其需要格外保持冷静，有意识地告诉自己慢下来，听听理性思考系统的声音，避免无意识偏见的干扰，从而做出更符合事实的判断与更为审慎的决策。

⊖ 富勒，墨菲，周慧安 . 无意识偏见：影响你判断和行动的秘密 [M]. 张淼，译 . 北京：中国青年出版社，2022.

如何进行理性思考

1. 放慢节奏

在快节奏的工作世界中，我们常常不假思索就做出判断，然后立刻采取行动，似乎只有这样才能表明我们正在努力前进。我们所习惯的是快速思考的模式，即"收到信息 – 快速反应"。

汉弗莱集团副总裁罗布·柏格 - 奥利维尔 (Rob Borg-Olivier) 说："人们回答问题出错，往往是因为回应得太快，一下子就说出答案。绝大多数人回答问题不做停顿，他们只是说、说、说，有时在 30 秒内就回复了，但往往思路不清。"

为了提高沟通的效能，我们应当克制快速判断的自动反应，在接收信息与做出判断和决策之间进行有意识的停顿，放慢节奏，叫停大脑系统 1 的"自动驾驶"，将我们的模式调整为"收到信息 – 放慢节奏 – 停下来思考"。

2. 停下来思考

停下来思考创造了一个高质量的思考时间，你可以借此进行深入的思考，整理纷乱的想法，分析事实和数据，考虑多种可能性，做出客观的判断和决策。经过这一深思熟虑的环节，你接下来的表达也将更为清晰，更易于让对方理解。

为此，你需要有意识地在头脑中提示自己停下来进行思考，也可以直接告诉对方你需要大致几分钟甚至更长的时间整理一下思路。相比很多人"一拍脑袋"不假思索的飞速反应，停下来思考是一种更负责任的沟通态度，更有助于建立双方之间的信任关系，做出高质量的决策。

在进行思考时，你可以问自己这样几个深刻有力的问题：

- 事实是什么？
- 我体会到的是什么感受？这样的感受符合事实吗？
- 我存在哪些无意识的假设或主观的判断？
- 事情还有哪些可能性？
- 我固有的想法一定正确吗？
- 相反的观点是怎样的，有什么价值？

当我们不断练习这样的慢速思考模式——"收到信息 – 放慢节奏 – 停下来思考"，在沟通中有意识地留白，允许更多的安静时间，有意识地调慢节奏时，就可培养起新的思考和决策习惯，规避因仓促下结论而落入错误决策的陷阱。

▎知行练习关键指南 ▎

－从现在开始，有意识地在沟通时调整到慢速思考模式——
"收到信息-放慢节奏-停下来思考"，必要时申请专门的
思考时间，在倾听与表达之间留出一些从容思考的时间，
克制不假思索的反应，形成高质量思考和决策的新习惯。

简明表达

什么是简明表达

无偏见沟通的第 5 项原则是清晰的输出。遵循这一原
则，无偏见沟通的第 5 步，是简明表达（如图 3-10 所示）。

无偏见沟通© 7 步模型						
Seven-step Model for De-biased Communication						
沟通前	沟通中					沟通后
开明的头脑	完整的输入	双向的交流	客观的判断	清晰的输出	开放的共识	谦逊的省思
1. 扫描偏见 Assess bias 觉察并勾选 评估影响 管理偏见	2. 全面倾听 Listen fully 开启好奇模式	3. 积极回应 Respond actively 点头 欣赏 引用 共情 澄清 提问 总结	4. 理性思考 Think rationally 放慢节奏 停下来思考	5. 简明表达 Express clearly 简言 结构化表达 确认被理解	6. 尊异求同 Seek win-win 探索多样视角 评估不同观点 达成开放共识 表达感谢欣赏	7. 虚怀反思 Reflect humbly 自我评估 采取行动
自我管理	关系管理	关系管理	自我管理	关系管理	关系管理	自我管理

图3-10 简明表达

简明表达是在沟通中选用简单明了的结构、内容和形式阐述自己的想法，用高清晰度的表达减少对方的认知压力，提升沟通的有效性。

不善于沟通的人往往说得很多，善于沟通的人却惜字如金，他们能将复杂的想法凝练成简洁有力的信息，寥寥几句便可将事情说通透。正因为说得少，他们的表达更显清晰、更有分量，因此更能带来影响，得到更好的理解与响应。

简明表达强调有意识的关系管理，着眼于增强双方的沟通关系，为了使对方易于理解而锤炼自己的表达，体现了诚恳的沟通态度和很强的同理心。

简明表达在一定程度上尊重了对方的时间，能使双方的信息保持同步，降低对方的理解难度，减少沟通中的误解，带来更好的沟通效果。

如何进行简明表达

1. 简言

清晰是衡量表达水平的第一标准，也是表达训练的第一要务。

无偏见沟通强调清晰简洁的表达，以至于每个人都能轻松无误地理解表达者提供的信息。

因此，无偏见沟通提倡简言，即用简单易懂的语言描述复杂难懂的事情，言语不在多，关键是要说到点子上。只有具备高清晰度的表达才能让对方完全理解你的观点，而不至于出现误解。

在一次沟通中，不要试图传递过多的信息，避免长篇大论和赘述，不使用令人费解的表达、过于专业的术语或者冗长的句子，重要的是将最想传递的要点凸显出来。

在表达时要达到简言的境界，功夫要下在平时，须多留意观察自己的表达习惯，果断删繁就简，形成简言的表达风格。

你可以从书写报告、邮件或发送微信等书面沟通开始练习，要求自己多用短句，少用长句，大刀阔斧地删除最初想法中不必要的文字，仅保留有价值的观点。能用一句话说清楚的就不用两句话，最大限度地做到言简意赅。

2．结构化表达

清晰的表达以通透的思考为前提。杂乱无章的想法纠缠于头脑之中，对外表达时也会逻辑不清，让人听起来不明就里。

因此，你需要对自己的想法进行梳理，可以在头脑中自己梳理，也可以用笔写下来与对方一起梳理、探讨，然后找出其中的要点，将这些要点有逻辑地组织起来，以简单而有结构的方式呈现你的表达。这样做将显著提高沟通的效率。

按逻辑关系将表达的内容概括为几个要点。一般来说，3 个要点最能吸引听者的注意力，超过 3 个要点对方的注意力就容易分散。

3．确认被理解

沟通是一个双向的过程。在确保自己做到清晰表达的同时，还需要与对方核实自己的表达是否被完全理解。

有些人非常善于言谈，对自己表达的清晰度也高度自信。但是，衡量一段表达是否清晰的唯一标准掌握在听者那里。在完成表达之后，请务必记得询问对方自己的表达是否足够清晰，对方是否完全理解了你表达的含义。如果你输出的信息没有被很好地理解，就达不到预想的沟通目标，也不会得到对方的支持。

此外，向对方询问他们是否理解了你的表达，也体现出充分的尊重与诚意，有助于维护你们之间良好的沟通关系和沟通氛围。

▎知行练习关键指南 ▎

一简明的表达需要不断地锤炼。在日常的沟通中，可以为自己多创造发言的机会，在发言之前理清自己的思路，尽量做到简言、结构化表达，每次都询问对方你的表达是否易于理解，用这样的方法不断精进简明表达的能力。

尊异求同

在前面的沟通步骤中，双方轮流阐述了各自的观点。在一些情况下，双方的观点基本一致，很快达成共识，沟通就此结束。

在另外一些情况下，双方的观点出现分歧，需要展开进一步的讨论。

什么是尊异求同

无偏见沟通的第 6 项原则是开放的共识。遵循这一原则，无偏见沟通的第 6 步是尊异求同（如图 3-11 所示）。

尊异求同是将沟通视为合作，尊重有差异的观点，调动多样性的认知，展开充分的讨论，寻求双赢的沟通成果，达成开放的共识。

"合作是在冲突中寻找双赢的解决方案。它包括高度关注自己和他人，并以'我们的方法'，而不是以'我的方

无偏见沟通© 7 步模型						
Seven-step Model for De-biased Communication						
沟通前	沟通中					沟通后
开明的头脑	完整的输入	双向的交流	客观的判断	清晰的输出	开放的共识	谦逊的省思
1. 扫描偏见 Assess bias 觉察并勾选 评估影响 管理偏见	2. 全面倾听 Listen fully 开启好奇模式	3. 积极回应 Respond actively 点头 欣赏 引用 共情 澄清 提问 总结	4. 理性思考 Think rationally 放慢节奏 停下来思考	5. 简明表达 Express clearly 简言 结构化表达 确认被理解	6. 尊异求同 Seek win-win 探索多样视角 评估不同观点 达成开放共识 表达感谢欣赏	7. 虚怀反思 Reflect humbly 自我评估 采取行动
自我管理	关系管理	关系管理	自我管理	关系管理	关系管理	自我管理

图3-11　尊异求同

法'或'你的方法'来解决问题。在最好的情况下，合作能够带来双赢的结果，每个人都得到自己想要的。"[⊖]

尊异求同致力于维护沟通者之间的良好关系，着眼于可持续的合作关系，而不是仅满足自己的利益，强调换位思考和互相理解，是无偏见沟通关系管理的关键步骤。在共同经历这一环节之后，双方的关系将得到实质性的深入发展。

诸多原因可以导致沟通失败、关系破裂，其中尤以不能妥善处理分歧最为常见。不少人将沟通的目标提前设定为说服别人听自己的，在沟通的过程中极力为自己的想法

⊖　阿德勒，罗森菲尔德，普罗科特．沟通的本质：什么是沟通，为什么沟通以及如何沟通 [M]．黄素菲，黄成瑷，译．郑州：河南文艺出版社，2023.

辩护，一心只想"赢"。然而，大多数的工作关系都是长期的，一味追求单赢是短视的做法，会破坏长期的协作关系。在沟通中总想占上风，只想说服别人而自己寸步不让的人，表面看起来强势，实则难以与他人建立信任关系，得不到真心的拥护和支持。这样的单赢次数越多，越有伤人际关系，甚至让人彻底丧失与之沟通的意愿，关闭"沟通之门"。这样一来，他们也就完全失去了对人、对事的影响力。

"在生活中，我们解决冲突的误区在于，双方都试图让对方承认是自己的错，而很少用心地去倾听对方的感受与需要。过分地计较对错、输赢，而忽略探询对方的需要，是很难化解冲突与矛盾的。"[○]

当观点出现分歧时，人们往往纠结于输赢，忽略了双方之间其实是存在共同利益的，即让谈话朝着更有效的方向发展，让所处理的事情得到更好的解决，让沟通成果最大化。事实上，只要人们能够调整对分歧的自动反应，建立起对分歧的新认知，沟通就有望达成双赢的局面。

无偏见沟通者认为，有分歧，沟通才更有收获，因此

○ 凯恩，拉萨特，斯泰尔斯.非暴力沟通：冲突调解篇[M].李夏，译.北京：华夏出版社，2022.

提倡尊重有差异的观点。虽然分歧可能让人感觉不适，但它更有可能激发充分的讨论，并由此得出更符合实际情况的答案，从而带来超出预期的沟通成果。

从事理上看，仅有两个不一样的观点是不够的，因为每件事本身都拥有丰富的维度和不同的侧面，而每个人往往只从自己的角度看到其中的一面。因此，具备多样视角是使沟通成果最大化的关键。多样视角让人们的视野变得开阔，看到事情的不同侧面，探索更多的可能性，防止认知偏见。

在沟通中尊重差异，引入多样视角，可以使沟通者站得更高、看得更远，从而有可能在更高层次上看待问题、分析问题、解决问题，共同创造出更优的解决方案。

要探索多样视角，人们需要放下小我，放下自己最初的立场，转而关注与对方的共同利益，带着双赢的思维，基于不同的视角展开开放式讨论，充分交换意见，论证每一个观点的利弊。既尊重对方的想法，又能在必要时改变自己的想法。在意识到自己有错的时候大方承认，在别人贡献好的想法时不吝赞赏。相较于表面友好却在内心有所保留的谈话，多视角、开放式的讨论是更高层次的沟通境界，最能激发双方的共同智慧，使沟通的效果最大化。

　　无偏见沟通的目的不是说服对方认同自己的观点，也不是简单地听从对方的观点，而是最大限度地利用认知的多样性，探索多样视角，提高双方的认知和对彼此的理解，达成深度共识。

　　无偏见沟通尊重不同的观点，视差异为资源。在听到对方的不同意见后，无偏见沟通者的第一反应是好奇，是"想知道更多"，然后带着好奇心与对方展开富有建设性的"愉快的讨论"。只有保持对差异化观点的好奇，才能让我们拥有开放的思维和倾听的耐心，不固执己见，不被自己的假设所束缚，减少偏见带来的干扰。

　　尊重不同的观点不意味着这些观点非常完善，或者你完全同意这些观点。对方可能会坚持说他们的想法无懈可击，这时请不要评判，也不要反驳，因为评判和反驳会阻断好奇心和倾听的耐心，让你无从了解对方的全面想法（哪怕是错误或糟糕的想法）。你唯一需要做的就是带着好奇心倾听并给予回应。

　　这样的做法可能不是你过去习惯的方式，一开始可能并不容易做到。但是，当你慢慢养成尊重不同观点的新习惯时，你会发现自己的包容性变得越来越好，越来越能与持不同意见的人从容相处，并且从这种高质量的思想碰撞中获益更多，真正体会到"有分歧才有收获"。

如何做到尊异求同

以下 4 个步骤可以帮助我们做到尊异求同。

1. 探索多样视角

对于沟通者来说，最常见的误区是仅从自己的角度看问题，认为自己的立场理所当然是正确的，没有意识到自己的想法往往囿于个人的认知，卡在自我视角里出不来，意识不到自己视野的盲区。

要改变这样的局面，人们需要超越自我视角，站在对方视角和相关方视角进行换位思考，乃至站在全局视角、未来视角重新审视当下的问题。

多样视角为人们创造性地处理分歧带来了突破性价值（如图 3-12 所示）。每一次转换视角，都让沟通者的视野更加开阔，格局更加恢宏。通过转换不同的视角，人们得以跳脱出自己眼中的"真相"，看到对方眼中以及其他关键相关方眼中的"真相"；看到眼前的事件，也看到事件背后的系统全局；看到现在，也能从未来视角看待现在。通过对多样视角的探索，人们可以获得多样性的认知，并且基于充分的认知达成深度共识。

图3-12 多样视角

探索多样视角的过程需要你一步步进行引导，同时也需要你贡献自己的观点和反馈，由此激发高质量的交流和讨论，具体方法如下。

（1）对方视角

1）探索多样视角须从对方视角开始。你需要邀请对方先分享他的观点，这是展开建设性讨论的关键所在。想要取得良好的沟通效果，一定要先从这一步开始。

2）感谢对方分享观点，鼓励对方更多地介绍其想法。

3）站在对方的立场概述其观点，并请对方确认自己的理解是否准确。

沟通表述样例：

"我想先听听你的想法。"

"感谢你与我分享对这件事的看法，我理解你的看法。是什么让你有了这样的看法，能否多说一说？"

"那么站在你的角度，你认为……（总结对方的观点），你看我理解得对吗？"

"感谢你带来全新的观点，这让我们的对话更有价值了。"

（2）自我视角

1）接下来简洁阐述基于自我视角的观点及依据。

沟通表述样例：

"站在我的角度，我认为……这主要基于三个原因……"

通过从对方视角到自我视角的转换，双方启动了换位思考和开放式讨论，增进了对彼此观点的理解。在这样的谈话中，没有对立的关系，只有共同探索的伙伴。

通常来说，经过这一环节的换位思考与开放式讨论，很多沟通有望达成共识。

如果尚不能达成共识，则意味着双方需要突破已有的视角，引入更多的视角，获得更为开阔的视野，站在更高的位置上，重新审视原来的问题，进行更深入的讨论，探索更多的可能性。

2）简单小结目前已有的两个视角，引导探索更多的视角。

沟通表述样例：

"现在看来，你有一个观点，我有一个观点。我们已经有了两个不同的视角，我们还可以探讨更多的视角。"

"咱们的目标是一致的，都是想解决问题，只不过是站在两个不同的角度。从事情本身来说，其实还有其他角度。"

（3）相关方视角

现在引入与所谈话题高度相关的内部或外部相关方视角，双方一起超越各自的立场，试着站在第三方的角度看待当下讨论的问题，得出第三方观点。

- 内部的相关方，可以是上司、下属、同事、其他部门等。
- 外部的相关方，可以是客户、合作伙伴、供应商、公共部门等。

沟通表述样例：

"对于我们所谈的这件事，财务部会是什么观点？"
"同样是这个问题，客户会有什么不一样的看法？"

（4）全局视角

邀请对方一起再次提升思维的高度，站在全局的角度看待当下讨论的事情，得出基于全局视角的观点。至于什么是你们所处的全局，这需要由你们共同来定义。

例如，它可以是：

- 团队、部门、区域、整个组织。
- 企业、行业、生态系统。

沟通表述样例：

"站在整个团队的角度，应当如何处理这件事？"

（5）未来视角

与对方一起，站在未来视角看当下讨论的问题，得出基于未来视角的观点。你们可以共同定义具体的未来时间点。

例如，它可以是：

- 6 个月、3 年、5 年、10 年、20 年后。
- 目标达成后。
- 项目完成时。
- 变革成功后。
- 组织进入成熟阶段后。

沟通表述样例：

"5 年之后，你会如何看待这件事？"
"变革成功之后，我们会怎么看今天遇到的困难？"

通过对上述 5 个多样视角的探索和讨论，双方能够站在更高的位置上，相对全面地看到事情的本质以及所在系统的面貌。

如果上述有些视角在某些情况下不适用，或者因时间有限不允许进行 5 个视角的探讨，那么你们可以考虑在对方视角和自我视角的基础上，添加一个其他视角，这样可以至少从 3 个视角展开探讨。

如果情况比较复杂，需要考虑更多不同的维度，你也可以和对方协商添加其他适用的视角。

- 情感视角。例如："从理性的角度看改革应当马上实施，不过，从人们的情感角度应如何推进变革？"
- 安全视角。例如："这个方案我认为很好，接下来，我们再从安全的角度来看一看。"
- 创新视角。例如："我们过去的确一直是这样做的，然而，从创新的角度来看，今后还应当继续这样做吗？"

上述探索多样视角的过程（如图 3-13 所示），就是建立高质量共识的过程，通过投入时间认真倾听对方的观点，一起探索不同的视角，可以在最大程度上整合双方的智慧和力量。

无偏见沟通独特的多样视角探索方法具有高度的建设性，能够将分歧和对立转化为合作。随着视角被一步步打开，双方一次次跳出原有的局限，并发现持不同观点的彼此并不是对立面，而是为了解决问题、找到更好答案的"沟通伙伴"。

探索多样视角的过程可以帮助人们增进对彼此的理解，

探索多样视角	
多样视角	沟通表述样例
对方视角	"我想先听听你的想法。"
	"感谢你与我分享对这件事的看法，我理解你的看法。是什么让你有了这样的看法，能否多说一说？"
	"那么站在你的角度，你认为……（总结对方的观点），你看我理解得对吗？"
	"感谢你带来全新的观点，这让我们的对话更有价值了。"
自我视角	"站在我的角度，我认为……这主要基于三个原因……"
引导探索更多视角	"现在看来，你有一个观点，我有一个观点。我们已经有了两个不同的视角，我们还可以探讨更多的视角。"
	"咱们的目标是一致的，都是想解决问题，只不过是站在两个不同的角度。从事情本身来说，其实还有其他角度。"
相关方视角	"对于我们所谈的这件事，财务部会是什么观点？"
	"同样是这个问题，客户会有什么不一样的看法？"
全局视角	"站在整个团队的角度，应当如何处理这件事？"
未来视角	"5年之后，你会如何看待这件事？"
	"变革成功之后，我们会怎么看今天遇到的困难？"
情感视角	"从理性的角度看改革应当马上实施，不过，从人们的情感角度应如何推进变革？"
安全视角	"这个方案我认为很好，接下来，我们再从安全的角度来看一看。"
创新视角	"我们过去的确一直是这样做的，然而，从创新的角度来看，今后还应当继续这样做吗？"

图 3-13

保持思想的同步，减少因分歧带来的对立，增进信任关系，从而使沟通更容易达成双赢的共识。

很多时候，人们只追求快速达成共识却没有对更多的维度进行必要的讨论，常常为了维护表面和气，避免分歧带来的紧张气氛，仓促同意了其实并不理想的结论。

探索多样视角确实需要花一些时间，但是，沟通越充分越有价值，真理越辩越明。要寻求最佳的沟通成果，这样的投入是必要的，也是值得的。

2．评估不同观点

经过对多样视角的探索，双方通常会得出几个观点，接下来双方可以根据客观的标准评估不同观点的利与弊及可能带来的影响，并选出双方达成共识的最佳观点（如图 3-14 所示）。

在这一环节的讨论中，沟通者可以灵活运用前面提及的全面倾听和积极回应的技巧。

3．达成开放的共识

通过共同探索多样视角的努力，双方充分倾听对方的想法，分析了各种可能性。随着探索的深入，人们对事情的认知越来越清晰，对彼此的想法越来越理解，最后会比较容易达成共识，而且，这是经过充分讨论后的审慎共识。

无偏见沟通致力于尊异求同，这与寻求单赢的沟通形成鲜明对比。在单赢沟通中，实现一方的利益是以另一方的利益为代价的；而在寻求双赢的沟通中，双方都着眼于

评估不同观点		
观点 1	描述	
	利	
	弊	
观点 2	描述	
	利	
	弊	
观点 3	描述	
	利	
	弊	
观点 4	描述	
	利	
	弊	
观点 5	描述	
	利	
	弊	
共识	描述	
承诺行动	描述	

图　3-14

共同的利益。所以，在无偏见沟通中，没有所谓的输家，每一方都会从中受益。

在这一过程中，双方都需要以包容的心态进行开放的对话，积极寻求共同点，充分考虑他人的感受、需求和利益，以求达成最佳的沟通成果。

在有些情况下，一次沟通并不一定能够达成共识，尤其是当沟通者面临的问题比较复杂、具有挑战性，涉及巨大的利益冲突或因素众多时。双方可以选择暂时搁置决策，结束此次的沟通，同时为后续的沟通保留开放的"信任之门"，约定下一次继续探讨，直至最终达成共识。

在做出最终的决策之前，留出更多的时间进行仔细的考量，相当于在情绪和决策之间创造了一个缓冲空间，这样做有助于人们做出更为审慎的决定。据说一些管理人士会这样做：他们会将重要的决策"放一个晚上"，第二天早上再做出更为清醒的决策。"放一个晚上"是与焦虑保持一定的距离，避免在情绪不稳定、思考不充分的情况下做出鲁莽的决策。

最佳的沟通结果没有统一的答案，因为这取决于诸多因素，例如客观的情况以及谈判双方的立场、期望、意愿和妥协程度等。在这样的前提下，沟通者应着眼于达成开放的共识。开放的共识是指基于实际情况以双赢的思维寻求达成最佳的一致意见或理解，具体可能包括以下几种情形：

- 双方通过沟通达成一致意见。

- 双方通过沟通部分达成一致意见。
- 双方未达成一致意见但同意保持后续的沟通。
- 双方未达成一致意见但达成对彼此的理解。

无偏见沟通让人们在最大限度上拓宽视野，提升认知，加强交流，增进关系，达成深度的共识或深入的理解，由此带来了巨大的沟通价值。

经过尊异求同这一步骤的探讨，双方更有可能在达成共识的基础上做出积极的承诺，采取实际行动。如果人们在表达不同意见时没有被倾听、被理解，他们的需求没有被考虑，就不可能做出认真的承诺，也不会积极跟进，采取有力的行动。

4．表达感谢和欣赏

在无偏见沟通的所有环节中，表达感谢和欣赏是一项有意义的沟通之举。

特别是在整个谈话结束前，一定要向对方表达真诚的感谢，欣赏对方在品质和言谈方面的闪光之处，让对方感到被欣赏，愿意与你保持沟通，让你们之间的"人际通连"更进一步。

| 知行练习关键指南 |

— 尊重差异也许不是你本身就具备的能力，需要刻意练习。
你可以考虑主动加入与自己风格不一样的圈子、与持不同
意见的人交谈、组织背景不同的人一起讨论问题等。

— 多样视角不仅可以用于与人沟通，也可以作为自我思维训练
的工具或解决实际问题的方法。当你能够自由地切换不同的
视角时，你的观点、格局和心情也会随之发生积极的变化。

— 可以将"开放的共识"这一原则广泛应用于工作中的人际
关系领域，带着双赢/多赢的思维行走职场，这会帮助你获
得更多的共识、理解和支持。

虚怀反思

什么是虚怀反思

无偏见沟通的第 7 项原则是谦逊的省思。遵循这一原
则，无偏见沟通的第 7 步是虚怀反思（如图 3-15 所示）。

在忙碌的工作状态下，我们将更多的注意力投向了别
人，往往在第一时间就能发现别人的问题、错误或存在的
偏见，而对于自己，我们几乎很少花时间去研究。当我们

无偏见沟通©7步模型						
Seven-step Model for De-biased Communication						
沟通前	沟通中					沟通后
开明的头脑	完整的输入	双向的交流	客观的判断	清晰的输出	开放的共识	谦逊的省思
1. 扫描偏见 Assess bias 觉察并勾选 评估影响 管理偏见	2. 全面倾听 Listen fully 开启好奇模式	3. 积极回应 Respond actively 点头 欣赏 引用 共情 澄清 提问 总结	4. 理性思考 Think rationally 放慢节奏 停下来思考	5. 简明表达 Express clearly 简言 结构化表达 确认被理解	6. 尊异求同 Seek win-win 探索多样视角 评估不同观点 达成开放共识 表达感谢欣赏	7. 虚怀反思 Reflect humbly 自我评估 采取行动
自我管理	关系管理	关系管理	自我管理	关系管理	关系管理	自我管理

图3-15　虚怀反思

把自己当作客体，开始有意识地进行自我观察和自我反省的时候，就踏上了成长的快行道。

　　虚怀反思是指在一次沟通结束之后，抱着谦逊的态度，及时对自己在沟通中的反应、想法、感受和行为进行回顾和分析，总结其中做得好的部分，思考可以做得更好的部分，并且承诺采取行动，做出积极的改变。

　　虚怀反思是自我管理的关键步骤，将反思作为一个重要的步骤嵌入沟通的全过程，这是无偏见沟通的创举，这一步骤对显著提升沟通能力有着重大的意义。

　　虚怀反思是对认知过程的认知，即元认知，它对减少偏见和提高沟通的有效性至关重要。这样的反思可以帮助我们更好地回顾、梳理沟通的细节，识别自己所经历的感受，面对头脑中的想法，评估自己的沟通表现，跳出来看清自己的偏见和习惯，锁定需要改进的地方，纠正不当的行为，做出有意识的调整和积极的改变，从而做到自我审视、自我觉察与自我突破。

每当你对周围的环境不甚满意，对身边的人有所失望，希望看到改变的时候，一个好的方法是，将镜头转向自己，进行谦逊的反思，从自己身上找原因，审视自身存在的问题，然后采取行动，让自己看到想要的改变，从而给身边的人带来积极的影响，让周围环境因为你的改变而变得美好。

如何进行虚怀反思

你需要像旁观者一样观察自己，审视自己的想法和感受。如果沟通不顺利，你需要先从自己身上找原因，而不是归咎于对方的偏见或其他问题。

进行虚怀反思的具体方法如下。

1. 自我评估

在沟通结束之后，尽快找一个安静的时间和空间，运用下面的虚怀反思清单进行自我评估（如图 3-16 所示）。

2. 采取行动

过去，可能我们在无意间对周围的人抱有一些偏见，同时我们自己也或多或少地承受过别人对我们的偏见。如果我们不希望太多的偏见出现在自己身上，那么就应当控制自己不对他人抱有偏见。正如我们中国人常说的"己所不欲，勿施于人"，这是管理无意识偏见的黄金准则。

虚怀反思清单	
1. 我如何评价本次沟通的总体效果？	□超出预期 □达到预期 □未达预期
2. 双方的关系在沟通后的增进程度如何？	□超出预期 □达到预期 □未达预期
3. 我对自己在本次沟通中的总体表现如何打分？（1~100 分）	___分
4. 我对自己在本次沟通中管理偏见的情况如何打分？（1~100 分）	___分
5. 描述我在本次沟通中做得好的两个地方。	
6. 我在倾听过程中出现了哪些问题（评判、反驳、急于给建议、听不得不同意见、走神等），下次如何避免？	
7. 我给予对方的回应有什么不妥之处，下次如何改进？	
8. 我在沟通时有没有刻意放慢节奏进行理性思考？	
9. 我的表达是否足够简洁、清晰，让对方能轻松理解？	
10. 沟通中说过的哪些话让我感到后悔？（如有）我当时为什么要那样说？	
11. 我做到了尊重差异的观点还是不免固执己见？	
12. 我从本次沟通中学到的最重要的一点是什么？	

图　3-16

探索偏见的一个主要目标是把无意识偏见变成有意识的觉察。意识到无意识偏见可以立即减少我们头脑中的偏见，有效提高我们的决策质量和整体的沟通质量，帮助我们成为更有效的沟通者，并与他人建立更有意义的合作关系。

至此，你了解了无意识偏见，感受到了它带来的不容忽视的影响，今后就可以更加积极地管理偏见，承诺做出实际行动并带来真正的改变。

可以考虑采取的管理偏见的行动如下。

- 在平时的工作沟通中增强对偏见的自我觉察。
- 专注于倾听，倾听时不一心多用。
- 把握思考节奏，觉察大脑的"自动驾驶"模式，减少不假思索的快速反应。
- 拓宽社交范围，结交风格不同的人，尊重有差异的观点。
- 以发展的眼光看待人和事，保持开放的头脑。
- 培养好奇心。
- 在对话、会议、谈判中有意识地练习全面倾听和积极回应的技巧。

- 主动寻找机会多表达，锤炼简明表达的能力。
- 主动向工作相关方收集他们对自己的反馈并着手改进。
- 保持谦虚，养成定期反思的习惯。
- 训练双赢思维，关注共同利益。
- 不随意打断别人的讲话。
- 不随意评判人和事。
- 不急于反驳不同的观点。
- 不给人贴标签。
- 不臆测。
- 不固执己见。
- 不想当然。
- 不情绪化。
- 不自我设限。

在消除偏见这件事上，存在一个明显的事实，那就是我们不能要求别人不抱偏见，我们能做的，就是让自己减少偏见，通过启动无偏见沟通，带来前所未有的积极影响。

经过不断地练习无偏见沟通，你很快会发现一些迹象，这些迹象表明你的沟通能力正在提高：

- 以前"不好沟通"的人现在变得好沟通了。

- 艰难的对话变得容易了。

- 表达变得更清晰、更有章法了。

- 发言得到更积极的回应。

- 在沟通时感觉轻松、自然、真实。

- 判断和决策更加谨慎，得到更好的反馈。

- 能与风格不同的人交流自如。

- 越来越多的相关方主动与你交谈。

- 更多的人愿意与你合作或加入你的团队。

- 更喜欢工作的伙伴，享受更好的协作关系。

- 更好的工作状态和工作表现。

- 从他人身上发现的闪光点越来越多，学到的东西也越来越多。

▎知行练习关键指南▎

一现在你了解了无偏见沟通的7个步骤，建议你制订一个自我提升计划，留意在人际沟通、决策和工作中，偏见是如何出现的，反思自己在沟通中容易出现的问题。从本章提供的可采取的行动清单上选取你希望做到且可行的行动，确定具体的行动方法、时间和场合等，在真实的工作场景中练习起来！

本章要点

- 无偏见沟通的行为包括以下7个步骤：①扫描偏见；②全面倾听；③积极回应；④理性思考；⑤简明表达；⑥尊异求同；⑦虚怀反思。

- 扫描偏见是沟通正式开始前的自我管理行为，即沟通者有意识地觉察自身存在的偏见，评估偏见带来的影响，运用相应的策略减少偏见的干扰，为即将进行的沟通准备好开明的头脑。

- 通常人们在工作沟通中的倾听，大致可以分为4个层次：拒绝倾听、假装倾听、选择性倾听、全面倾听。

- 全面倾听是在沟通过程中开放心态，将全部注意力投向对方，专注地聆听，全面地接收对方传递的信息，不排斥差异化的观点、负面的情绪乃至"逆耳"的声音。

- 倾听最大的敌人就是评判。

- 能让人们放下评判的，是好奇。

- 积极回应是在倾听对方的表达时给出及时且恰当的响应，让对方知道自己在听，鼓励对方充分表达，增强对话的流动性，从而实现双向的交流。

- 积极回应的方式主要包括7种：点头、欣赏、引用、共情、澄清、提问、总结。

- 理性思考是更深刻的思维方式，即在沟通中有意识地放慢节奏，停下来思考，克制不假思索的自动反应，从而在沟通中做出无偏见的判断和决策，为后续的表达和讨论环节做好准备。

- 简明表达是在沟通中选用简单明了的结构、内容和形式阐述自己的想法，用高清晰度的表达减少对方的认知压力，提升沟通的有效性。

- 尊异求同是将沟通视为合作，尊重有差异的观点，调动多样性的认知，展开充分的讨论，寻求双赢的沟通成果，达成开放的共识。

- 多样视角是使沟通成果最大化的关键。

- 虚怀反思是指在一次沟通结束之后，抱着谦逊的态度，及时对自己在沟通中的反应、想法、感受和行为进行回顾和分析，总结其中做得好的部分，思考可以做得更好的部分，并且承诺采取行动，做出积极的改变。

第4章

识别 9 种常见无意识偏见，
实现无偏见沟通

如前所述，无意识偏见是沟通中看不见的干扰因素，如同暗礁，让人际沟通在意识不到的情况下进入危险区。

无意识偏见存在的普遍程度也许超出我们的想象。"事实上，研究人员已经找出并定义了 180 多种不同的偏见或认知捷径。"⊖ 此外，还有一些偏见虽然没有被命名，但人们都会认同它们是偏见，因为它们明显不符合事实。

在这一章，你将了解到工作场景中常见的对人际沟通产生直接影响的 9 种无意识偏见，并且掌握如何识别这些

⊖ 富勒，墨菲，周慧安 . 无意识偏见：影响你判断和行动的秘密 [M]. 张淼，译 . 北京：中国青年出版社，2022.

偏见的知识。其中每一节的内容都包括一个典型案例、相关偏见的解析，以及在同样的场景下面对同样的问题，如何应用无偏见沟通的方案解决问题，实现高质量的沟通。

为了方便你理解，我们一律将角色 A 作为实践无偏见沟通的主角，在阅读时，你需要重点关注 A 在最初沟通时的无意识想法，以及后来如何有意识地运用无偏见沟通的具体方法。

自我服务偏见

案例 4-1　明明我的贡献更大

A 是独立顾问，在自由职业者 B 的协助下，A 与客户谈好了一个小型咨询项目。时间紧、任务急、要求高，两人话不多说立刻分头忙活起来。A 负责项目的商务部分，包括客户对接、合同签订、财务后勤等工作，B 负责项目的策划和执行。4 周之后，项目被成功交付。于是，两位伙伴约好谈谈收入分成的事。

A：“这次项目不算大，简单起见，我提议项目收入就按各自的贡献比例分成，这样论功行赏既公平又简单，你说呢？"

B："同意论功行赏！"

A：（🗨️明明我的贡献更大！）

"那就好办了！你看，对于咱们独立顾问来说，拿
单是头等大事。这次的客户与我是老关系，能拿
下这个项目，最关键的是客户对我有足够的信任。
此外，这个项目除了策划和执行，其余的工作都
是我来做的。要说对项目的贡献，我这边怎么着
得占七成（70%）吧！"

B：（惊讶）"七成？！这次客户确实是你找的，不
过，没有我跟你一起去见客户，人家也不会把项
目签给咱们呀！何况，客户重点认可的是服务方
案和执行部分，要不然也不会这么快付款。为了
这个项目，我还找了个小伙伴帮忙，也得给人家
劳务费呢。我觉得，论功行赏，我这边拿五成
（50%），应当合情合理吧！"

A：（🗨️明摆着我的功劳大，居然想跟我平分？！）

"五成，不会吧？那咱们的分成比例加起来都超过
百分之百了！"

上述案例中的沟通问题与自我服务偏见有关。

自我服务偏见是指个体倾向于以有利于自身的方式来进行自我知觉（如图4-1所示）。当事情的结果是正面的，个体倾向归功于个人因素，感觉自己更优秀、更聪明、贡献更大、更理解他人、道德水平更高、更胜任工作；当事情的结果是负面的，个体则归咎于外部因素，感觉是目标不够实际、时机不成熟、资源不足、合作者不给力，或是自己受到了牵连。

图4-1　自我服务偏见

自我服务偏见在工作场景中常常出现。在一项国外的调查中，90%的企业经理评价自己的表现优于普通同事（French，1968）。在澳大利亚，86%的人对自己工作业绩的评价高于平均水平，只有1%的人评价自己低于平均水平（Headey & Wearing，1987）。

在人际合作中，自我服务偏见让人感觉自己的贡献最大。一般的规律是：群体的每个成员对自己为共同工作所做贡献的评价之和总是超过百分之百，此外，往往参与合作的人越多，夸大贡献的情况就越普遍。

那么，人们为什么会存在自我服务偏见呢？"我们所有的思想、态度和情感，都受制于自身的主观性，而因为这种特性始于对现实世界始终主观的感知，所以我们的推理行为也受制于它。事实上，我们就是太主观了，才会认为自己比其他人都棒。"[⊖]

自我服务偏见的本质是以自我为中心，这种态度阻碍人们在沟通中客观地看待自我、他人以及人际关系，造成沟通关系不平等，由此导致偏颇的认知、误判和错误决策。

没有人愿意与持有强烈自我服务偏见的人合作，他们盲目自信，夸大个人的优点和贡献，出了问题推卸自己应承担的责任，指责合作者，缺乏对他人的理解和对责任的担当，无法赢得他人的信任，也无法完成重要的使命，很难与别人实现真正意义的沟通，即便他们自以为能力出众。

在正式的工作团队中，我们通常有量化的绩效评估方法来客观地衡量每个人的贡献，然而，"任何情况下，每个人都该牢记这一点。你做的事情偶尔会超出自己的分内事，

⊖　查瓜塞达. 积极的偏见：成功者的思维习惯 [M]. 程超，译. 北京：人民邮电出版社，2022.

但你应该知道，当你有可能有这种感觉的时候，你的团队里的每个成员也都可能有同感。"⊖

意识到自我服务偏见可以使人拥有更清醒的自我认知，更好地与工作伙伴和谐相处，客观地看待自己的贡献与责任，保持良好的人际关系与工作沟通。

⊙**案例 4-1**

无偏见沟通方案

沟通前，进行无意识偏见扫描（如图 4-2 所示）：

* 觉察并勾选

在与 B 沟通之前，A 静下心来进行偏见扫描。对应扫描仪中的"无意识偏见表现"逐项诚实检查自己对人（B）、对事（项目分成）存在哪些偏见。通过偏见扫描，A 觉察到自己没有平等地看待双方的关系，无意识地存在居高临下的态度，认为拿到项目都是自己的功劳，B 是依靠自己才有机会参与项目。对于自己对项目做出的贡献，存在着高估的情况，受到了自我服务偏见的干扰。

⊖ 卡尼曼．思考，快与慢 [M]．胡晓姣，李爱民，何梦莹，译．北京：中信出版社，2012．

无意识偏见扫描仪——案例4-1

扫描偏见提示：
- 宽察并勾选：调整呼吸，让心绪平静下来，就本次沟通涉及到的人和事，对应"无意识偏见表现"逐项诚实检查，宽察并勾选自身存在的偏见（多选）。
- 评估影响：对于勾选的偏见，评估它们会带来怎样的影响（对沟通结果、关系、人际协作）。
- 管理偏见：运用相应的策略管理偏见，减少偏见的干扰。

序号	无意识偏见表现	偏见类别	宽察并勾选	评估影响	管理偏见
1	用固有的印象看待人/事/物，陷于过去的成见和积怨	固定看法			以发展的眼光看待
2	给人/事/物贴上了标签	过度概括			撕掉标签
3	用局限的视角看待人/事/物，看不到全局	视野受限			换位思考，扩展视野
4	做出了并非基于客观事实的臆测、假设、判断、决策	臆测误判			基于事实，理性思考
5	仅依靠大脑无意识的反应，没有做出理性的思考	自动导驶			清醒地驾驭大脑
6	没有平等地对待彼此（高人一等/低人一等）	不平等	✓	错误的自我认知，不利于协作关系	平等相待
7	在沟通中总是"赢"（我是对的，按我说的办，我要占上风）	自我中心			换位思考
8	高估自己（功劳、贡献、优点、水平或在其他方面的品质）	自我服务	✓	谈不拢、破坏关系、影响未来合作	基于事实感知
9	将问题/失败归咎于外因（目标不实际、时机不成熟、资源不足，合作者不给力）	自我服务			从自己身上找原因
10	对自己的能力、潜力、可得到的机会，能达到的目标等有限制性的假设	自我限制			给自己松绑
11	喜欢相似，因为对方与我有相似之处（观点、个性、背景、生活方式等）所以喜欢	亲和偏见			突破舒适圈
12	厌恶差异，因为对方与我没有相似（观点、个性、背景、生活方式等）所以不喜欢	亲和偏见			接纳差异
13	仅因一个正面特征/事件就自动认为对方所有方面都是正面的	晕轮效应			基于事实实事评价
14	仅因一个负面特征/事件就自动认为对方所有方面都是负面的	尖角效应			基于事实实事评价
15	带着年龄刻板印象看人，贬低其观点、能力、贡献等	年龄偏见			基于事实实事评价
16	带着性别刻板印象看人，贬低其观点、能力、贡献等	性别偏见			基于事实实事评价
17	自以为是，选择性地搜索、偏爱使用那些能印证自己预设的信息	确认偏误			全面分析，理性决策
18	戴着"自己的文化眼镜"来看待其他群体，忽略群体中个体的特征	文化偏见			理解文化差异

图4-2　偏见扫描——案例4-1

- 评估影响

不平等的关系导致错误的自我认知，不利于维护良好的协作关系。

自我服务偏见夸大个人的贡献，会导致双方就项目分成谈不拢，也会影响双方的关系以及未来的长期合作。

- 管理偏见

这样的觉察让 A 冷静下来回顾合作的细节，从项目签单到交付，B 的工作都很到位，而且在时间紧迫的情况下加班加点交付了方案，对项目的贡献非常重要且不可或缺，这一点也赢得了客户的认可，接下来的项目还需要与之合作。这样看来，B 不是自己的临时下属，而是可以长期合作的伙伴，应当平等相待。

对于两人之间的合作，应当基于事实感知各自的贡献，梳理项目前前后后的实际情况：客户虽然很信任自己，但是没有 B 的支持自己一个人也签不下来这个项目，另外在交付方面也是倚赖 B 的专业能力。于是，A 决定接下来多听听对方的想法，商量着处理好分成问题，同时就以后的长期合作达成共识。

沟通中：

A："这次项目有你加入太好了，现在终于完美交付，咱们说说分成的事，**我想先听听你的想法。**"
　　←←← 全面倾听（开启好奇模式）

B："我特别感谢你为我提供这么好的机会！很高兴加入，和你在一起工作特别默契！"

A："是啊，我也觉得'**特别默契**'，以后还要多多合作！"←←← 积极回应（引用）

B："太好了！我也希望多多合作。这次项目以你为主，商务部分是你负责的，我只管执行，也不擅长分钱的事儿，还是你说吧。"

A："也行，**那我先提个建议，在此基础上咱们可以讨论。** 这次项目不算大，简单起见，我提议按商务和执行六四分成，前期有什么垫付的费用都包括在分成里了，你看怎么样？"←←←简明表达（简言）

B："嗯，六四开，跟我想得差不多，我看行。不过就是有一个问题，在执行过程中我找了一个小伙伴帮忙，需要给人家 10 000 元劳务费，这笔费用当时没来得及跟你说。"

A："哦？除了这笔费用，没有其他的开销了吧？"
　　←←← 积极回应（澄清）

B："没有了。"

A："这笔费用我还真不知道，我一直以为都是你独立执行的。"←←← 简明表达（简言）

B："是我执行的，小伙伴帮我打打下手。这事儿应当事先跟你打个招呼，不过当时赶项目太急我就直接跟小伙伴敲定了。"

A："嗯，当时你肯定着急。关于这笔费用怎么处理，你让我想想。"←←← 积极回应（共情）、理性思考（停下来思考）

B："没问题。"

A："我想了想，觉得这笔费用应当从执行的分成里出。首先我提议的六四开，本身就是按照咱们各自负责的两块工作在项目中所占的比例来的，这一点你刚才也同意了。其次这笔劳务费属于执行相关的费用。因此，这笔费用应当计入四成的执行费。**这件事从我的角度是这样看的，我也想听听从你的角度怎么看。**"←←← 简明表达（结构化表达）

B："依我看，这笔费用咱们应当在六四开的基础上，各负担一半。"

A："**哦？你具体说说。**"←←← 尊异求同（探索多样视角——对方视角）

B：“你也知道，这个项目的客户对交付质量的期望偏高，执行方面的工作量比常规的项目要大得多，又特别急，一个人根本做不到，所以我才找了外援。这样做的结果虽然增加了一些费用，但是最后让客户非常满意。拿下这一单对以后签下更多的项目肯定有帮助，所以这也相当于是对未来项目的投资。”

A：“也就是说，站在你的角度，你认为这笔费用是由于客户的高要求产生的，是咱们为了满足客户的期望和未来的合作需要所做的投入，不应当都计入这次项目的执行费，而是在六四开分成的基础上，咱们各负担一半，**我这样理解对吗？**”←←←**尊异求同（探索多样视角——对方视角）**

B：“对，是这样的。”

A：“**看来我们的共同点是都认可六四开的分成比例，只是对这笔计划外的费用存在不同的理解，一是在六四开的基础上，各负担一半；二是按六四开分成但这笔费用从执行费里出。我们来看看这两种观点的利弊，你先说说。**”←←←**尊异求同（评估不同观点）**

B：“第一种观点的好处在于将计划外的费用平等分摊，这样相对公平，但是这样做会混淆商务与执行的费用；第二种观点的好处是将所有费用分成两部分，简单清晰，但是本次项目范围计划外的费用没有被考虑到。”←←← **尊异求同（评估不同观点）**

A：“言之有理。咱们初次合作事先估计不足，没有考虑到这笔支出。不过我有个好消息要告诉你，客户昨天通知我说要跟咱们签5年的服务合同，合同能续签与这次项目的额外投入有关。所以我同意你提出的观点，这次劳务费我们各负担一半，同时我提议今后的合作项目就按六四分成，且所有的费用都包括在内，如果谁那边有计划外的支出，咱们事先商量好再决定。**你觉得怎么样？**”
←←← **尊异求同（评估不同观点）**

B：“完全同意。”

A：“好的，那分成的事就这么说定了。我很欣赏你的策划和执行能力，期待咱们接下来的长期合作！”←←← **尊异求同（达成开放共识、表达感谢欣赏）**

沟通后，填写虚怀反思清单（如图 4-3 所示）：

虚怀反思清单——案例 4-1	
1. 我如何评价本次沟通的总体效果？	□超出预期 ☑达到预期 □未达预期
2. 双方的关系在沟通后的增进程度如何？	□超出预期 ☑达到预期 □未达预期
3. 我对自己在本次沟通中的总体表现如何打分？（1~100 分）	90 分
4. 我对自己在本次沟通中管理偏见的情况如何打分？（1~100 分）	90 分
5. 描述我在本次沟通中做得好的两个地方。	1. 管理了自我服务偏见；2. 尊重对方的观点并引导达成共识
6. 我在倾听过程中出现了哪些问题（评判、反驳、急于给建议、听不得不同意见、走神等），下次如何避免？	有评判的冲动，下次还要抱着好奇心专注倾听
7. 我给予对方的回应有什么不妥之处，下次如何改进？	基本没有
8. 我在沟通时有没有刻意放慢节奏进行理性思考？	有
9. 我的表达是否足够简洁、清晰，让对方能轻松理解？	是
10. 沟通中说过的哪些话让我感到后悔？（如有）我当时为什么要那样说？	无
11. 我做到了尊重差异的观点还是不免固执己见？	虽然一开始不赞同，但尊重了对方的观点，倾听并理解了对方的意思
12. 我从本次沟通中学到的最重要的一点是什么？	有分歧不可怕，如何通过沟通处理好分歧才是成功沟通的重点

图4-3 虚怀反思——案例4-1

自我限制偏见

案例 4-2　算了吧，我不行

　　某公司海外业务发展前景广阔，现准备选拔外派一批青年骨干到海外市场工作两年。得知这一信息，分公司总经理B立刻想到推荐A。A在公司工作即将满5年，专业过硬，踏实肯干，个人工作表现良好，但要上一个台阶向管理岗位转型还需要更多历练。于是，B通知A就此事面谈。

B："现在公司要选拔外派一批青年骨干到海外市场历练两年，这个机会不仅能开阔国际视野，丰富个人履历，还可以积累基层管理经验，两年后回来就是公司的中流砥柱了。咱们分公司有一个名额，我打算推荐你参加。"

A：（🗨这么大的挑战我可不行。）

　　"谢谢领导，我觉得现在分公司的工作就挺好，我挺满意现在的工作状态。"

B："年轻人总得向前发展啊，要看得长远一些，不能安于现状。你加入公司快 5 年了，下一步有什么打算？"

A：（💭安于现状没什么不好。）

"没什么打算，现在这样就挺好！"

B："和你一起进公司的那批大学生，不少已经是管理干部了，你也得发挥出自己的潜力啊。"

A：（💭我可做不了管理，不升职也罢。）

"我只会做专业的事，做管理、与人打交道我可做不来，再说我外语也不够好，在海外的工作环境中不好沟通，想起来都头大。"

B："你还年轻，这些能力都可以锻炼，现在不就是最好的机会嘛！"

A：（💭算了吧，我不行。）

"以后再说吧，现在就挺好。"

B："多好的机会啊，你还是好好想想，明天答复我也不迟。"

上述案例中的沟通问题与自我限制偏见有关。

说到偏见，我们通常想到的是别人对我们抱有不公平、不合理的看法，实际上，人们对自己也可能存在无意识的偏见，而且，这种偏见带来的负面影响远远大于别人对我们的偏见，这就是自我限制偏见。

自我限制偏见是对自己的能力和成功机会的负面先入之见。这种偏见会对我们如何定义自己的能力、潜力、发展机会产生无形的影响，限制我们的个人发展。

基于我们自己的社会身份以及接收到的来自他人的反馈信息，我们对自己存在一些刻板印象，往往抱着固定不变的看法。因此，我们可能会无意识地对自己的身份、能力、可获得的机遇持有一些假设。不幸的是，这些假设经常助长我们对自己的能力和前景的负面看法，从而产生自我限制偏见。在职业领域，自我限制偏见会影响个人职业发展的全阶段，包括求职面试、参与挑战性任务、担当责任、解决问题、协调资源、职级晋升、获得职业发展机会。

例如，非985、211院校的毕业生，可能认为自己配不上最顶尖的工作机会，专业技术人员可能认为自己不擅长与人打交道，宝妈可能会认为自己在职业上肯定不如男性发展得好。

　　自我限制偏见的糟糕之处在于，一旦我们带有这种偏见，就开始通过消极的镜头来看待自己。

　　不知道在你的内心，有没有出现过这样的声音：

- "我不行。"
- "我不够好。"
- "我这学历进不了 500 强企业。"
- "我要是参加竞聘肯定被淘汰。"
- "我不够资格。"
- "我配不上。"
- "这么好的机会怎么会轮到我？"
- "我的个性不招人喜欢。"
- "我总在关键时刻掉链子。"
- "从来没有女性担任过这么高的职位。"
- "我太笨了。"
- "我是个失败者。"
- "我的生活不如意。"
- "我有点儿小事就紧张得不得了。"
- "我一向不善于沟通。"

这些自我限制的声音让我们常常以不正确的方式看待自己，让我们的思想和行动受到限制，如同被假想的绳子束缚起来。据说一头大象是这样被驯服的："通常教练会带着一头小象，用一条又大又重的链子将它拴住。小象左拖右拽，怎么也不能挣脱链条，最终，它停止了尝试。现在，小象已经长成一头六吨的大象，完全可以轻松地将整个桩子拉出地面，但是它甚至连想都没想过这样做，它头脑中认为的无法挣脱链条的束缚性想法并不真实，那就是一条假想的绳子。"⊖

良好的沟通者需要具备清晰的自我认知，既不妄自尊大，也不妄自菲薄，了解自己是什么样的人、具备什么素质能力、拥有哪些优势、存在哪些短板，基于恰当的自我认知与人建立真实的关系，展开平等的交流。

自我限制偏见会干扰沟通者的自我认知，让沟通者对自己的能力、可获得的机会和适当的目标抱有限制性的假设，对自己存在很多评判，认为自己不行、不好、不配，这直接影响人们在沟通时的自我认知、情绪状态、判断决策与充分表达。

⊖　布兰佳，等.高境界领导力：如何打造赋能型团队（原书第3版）[M].慕兰，钱啸程，译.北京：人民邮电出版社，2020.

　　自我限制偏见让人们在谈话前预设消极的沟通态度，在谈话中不能开放地参与交流。谈话时听到的往往不是对方的言语，而是自己内心批评的声音、自我否定的声音。

　　自我限制偏见引发消极情绪：在面对沟通对象时容易感到自卑，在面对挑战时感到紧张不安，在面对不确定时感到焦虑恐惧。

　　在偏见的影响下，人们容易对自己和所交谈的内容出现误判，这些误判让沟通者做出错误的决策，在新事物面前却步，与新机遇擦肩而过。

　　存在自我限制偏见的人缺乏积极的沟通意愿，心态消极封闭，缺乏应有的自信和力量，不敢表达自己真实的想法和感受。难以与不同风格的相关方沟通，也不去尝试打开新局面，无法建立高质量的沟通关系，也无法进行深层次的交流探讨。

　　我们选择如何看待自己，会对我们的感受、行为和职业发展产生连锁的效应。如果你在寻找工作、追求事业发展的路上不尽顺利，希望能改变现状，一个简单的方法就是，从现在起关掉自我限制偏见的消极镜头，那么，你的世界就会变得开阔，选择会变得更多，你会去关注以前不敢关注的工作信息，尝试以前不敢想的事，追求更好的机会，你的职业前景会因此越来越有明朗。

⊙案例 4-2

无偏见沟通方案

沟通前，进行无意识偏见扫描（如图4-4所示）：

- 觉察并勾选

在沟通之前，A进行了偏见扫描，对应"无意识偏见表现"逐项检查，诚实地面对自己的真实想法，检视自己对人（自己）、对事（海外派遣任务）是否存在偏见。通过扫描偏见，A觉察到自己存在自我限制偏见和主观的负面假设，平时习惯于通过消极的镜头看待自己，认为自己的能力不行，不能胜任有挑战性的任务。

- 评估影响

主观的负面假设无形中捆绑了自己的手脚，让自己变成了"缩小的自我"。

自我限制偏见阻碍了自己的职业发展，在同批进入公司的同事中，自己的进步速度确实比较慢，除了做好手头的事情，对自己的能力没有客观的认识，不知道潜力在哪里，对

无意识偏见扫描仪——案例 4-2

扫描偏见提示：
- 觉察并勾选：调整呼吸，让心绪平静下来，就本次沟通涉及的人和事，对应"无意识偏见表现"逐项诚实检查，觉察并勾选自身存在的偏见（多选）。
- 评估影响：对于勾选的偏见，评估它们会带来怎样的影响（对于沟通结果、关系、人际协作）。
- 管理偏见：运用相应的策略管理偏见，减少偏见的干扰。

序号	无意识偏见表现	偏见类别	觉察并勾选	评估影响	管理偏见
1	用固有的眼光看待人/事/物，将于过去的成见和积怨	固定看法			以发展的眼光看待
2	给人/事/物贴上了标签	过度概括			撕掉标签
3	用局限的视角看待人/事/物，看不到全局	视野受限			换位思考，扩展视野
4	做出了并非基于客观事实的臆测、假设、判断、决策	臆测误判	√	自我束缚，变成"缩小版的自我"	基于事实、理性思考
5	仅依靠大脑无意识的反应，没有做出理性的思考	自动驾驶			清醒地驾驭头脑
6	没有平等地对待他人（高人一等/低人一等）	不平等			平等相待
7	在沟通中总想"赢"（我是对的，我要占上风）	自我中心			换位思考
8	高估自己（功劳、贡献、优点，水平或其他方面的品质）	自我服务			基于事实感知
9	将问题/失败归咎于外因（目标定得不实际、时机不成熟、资源不足、合作者不给力）	自我服务			从自己身上找原因
10	对自己的能力、潜力、可得的机会、能达到的目标等有限制性假设	自我限制	√	不能客观认识自己，阻碍职业发展	给自己松绑
11	喜欢对方，因为对方与我有相似之处（观点、个性、背景、生活方式等）所以偏爱	亲和偏见			突破舒适圈
12	厌恶差异，因为对方与我没有相似之处（观点、个性、背景、生活方式等）所以不喜欢	亲和偏见			接纳差异
13	仅因一个正面特征，事件就自动认为对方所有方面都是正面的	晕轮效应			基于事实评价
14	仅因一个负面特征，事件就自动认为对方所有方面都是负面的	尖角效应			基于事实评价
15	带着年龄刻板印象看待人、贬低其观点、能力、价值、贡献等	年龄偏见			基于事实评价
16	带着性别刻板印象看待	性别偏见			基于事实评价
17	目以为是，选择性地搜集、偏爱并使用信息来印证自己预先存在的观点，听不得不同意见	确认偏误			全面分析，理性决策
18	戴着"自己的文化眼镜"来看待其他群体，忽略群体中个体的特征	文化偏见			理解文化差异

图4-4　偏见扫描——案例4-2

未来也没有规划。

- 管理偏见

基于事实客观地评价自己的优势和短板，理性思考海外派遣任务的利弊和未来的职业发展规划。

给自己松绑，以发展的眼光看待自己，带着开放的心态倾听领导的建议。

沟通中：

B："公司要选拔外派一批青年骨干到海外市场历练两年，这个机会不仅能开阔国际视野，丰富个人履历，还可以积累基层的管理经验。两年后回来就是公司的中流砥柱了。咱们分公司有一个名额，我打算推荐你参加。"

A："这个机会很好，谢谢领导推荐我！" ←←← **全面倾听（开启好奇模式）**

B："算算你加入公司快 5 年了，下一步有什么职业规划？"

A："这方面还没考虑太多，也不懂应当如何做'**职业规划**'。" ←←← **积极回应（引用）**

B："和你一起进公司的那批大学生，不少已经走上管理岗了，你也得发挥出自己的潜力啊。"

A："是啊，我也想进步。不过，我知道自己离管理岗还有一定的差距。"←←← **积极回应（点头）**

B："你现在的专业工作没问题，下一步要走上管理岗位还需要更多历练，管理对人的要求更高，不仅要做好专业的事，还要会带团队，解决复杂的问题。"

A："明白。不过我不太擅长带团队和与人沟通，解决复杂问题的能力也不足。"←←← **简明表达（简言）**

B："你还年轻，这些能力都可以锻炼，现在不就是最好的机会吗，关键是你自己敢于**拥抱挑战**。"

A："明白了，感谢领导的鼓励！我一定抓住这次机会，'拥抱挑战'，去海外好好锻炼！"←←← **积极回应（引用）、尊异求同（达成开放共识、表达感谢欣赏）**

沟通后，填写虚怀反思清单（如图4-5所示）：

虚怀反思清单——案例 4-2	
1. 我如何评价本次沟通的总体效果？	□超出预期 ☑达到预期 □未达预期
2. 双方的关系在沟通后的增进程度如何？	□超出预期 ☑达到预期 □未达预期
3. 我对自己在本次沟通中的总体表现如何打分？（1～100 分）	85 分
4. 我对自己在本次沟通中管理偏见的情况如何打分？（1～100 分）	90 分
5. 描述我在本次沟通中做得好的两个地方。	1. 觉察到并减少了自我限制偏见；2. 敢于尝试挑战性工作
6. 我在倾听过程中出现了哪些问题（评判、反驳、急于给建议、听不得不同意见、走神等），下次如何避免？	倾听过程中时有负面评判，应接纳自己的不完美
7. 我给予对方的回应有什么不妥之处，下次如何改进？	基本没有
8. 我在沟通时有没有刻意放慢节奏进行理性思考？	有
9. 我的表达是否足够简洁、清晰，让对方能轻松理解？	是
10. 沟通中说过的哪些话让我感到后悔？（如有）我当时为什么要那样说？	无
11. 我做到了尊重差异的观点还是不免固执己见？	听取了领导的建议
12. 我从本次沟通中学到的最重要的一点是什么？	给自己松绑，打破自我限制，对职业发展至关重要

图4-5　虚怀反思——案例4-2

亲和偏见

案例4-3　上下级不同频无法沟通

A是某协会会员服务部的主管，他与上司的工作风格极其相似，都是严谨沉稳的类型，在工作上配合十分默契，深得上司赏识，在协会的发展未来可期。然而，老上司突然调离，协会从外面"空降"了一位新上司B。B是风风火火的风格，刚到协会就启动了各种改革，这让A感觉很不适应。昨天，B通知A今天来汇报一下服务流程变更之事。

B："上周提到的服务流程变更怎么样了？"

A：（🗨 刚来就瞎指挥！）

"还没开始呢，我手上还有更急的事，忙完了就着手弄。"

B："对咱们协会来说，这就是头等大事，轻重缓急你得拎得清啊。"

A：（🗨 一拍脑袋就想改革！）

"变更流程不是小事，涉及方方面面，需要慎重想
清楚再变更。"

B："会员单位的领导们已经向我多次投诉了，说咱们
的服务流程还是 10 年前的，早就跟不上现在的要
求了，造成了很多的问题，再不解决咱们可就要
流失会员了！"

A：（🗯️ 听风就是雨，真让人受不了。）

"变更可以，但是不能操之过急，从论证到实施至
少要几周的时间。应当先召集有关部门开个会论
证一下究竟怎么改，有哪些需要注意的问题，会
带来哪些后续的影响，一定要确保各方面都准备
好再实施。"

B："这可不能等，不合理的东西必须马上改！你把
别的事都放下，先处理这件事，这周之内必须
搞定。"

A：（🗯️ 上下级不同频，简直无法沟通！）
"……"（无语）

在工作场景中，类似上述案例中苦于"上下级不同频

无法沟通"的情况屡见不鲜，这往往与亲和偏见有关。

亲和偏见也被称为相似性偏见，即人们偏爱与自己有相似之处的人。这种相似之处可以体现在各个方面，包括个性、观点、职业、教育背景、社会经济地位、年龄、出生地、兴趣爱好、生活经历等。

人们为什么会喜欢相似性呢？因为"相似性使我们产生了'我们是正确的'这种感觉，这是一种酬赏，所以我们喜欢与我们意见一致的人。因此，从某种程度上说，'爱你等于爱自己'。表面上我们喜欢别人，实际上我们更喜欢自己，故我们喜欢与自己相关的事物"。⊖

亲和偏见会带来两种倾向，一方面是无意识地喜欢与自己相似的人，另一方面是无意识地排斥与自己不同的人。

在新加入一个团队的时候，人们很快就能感觉到哪些人与自己个性相投、做事风格相近、观点大致相同、拥有类似的个人背景，于是就会不知不觉地偏爱这些人，喜欢与他们相处、交流，愿意与他们合作。

与之相反，人们也能明显感觉到和与自己风格不同的人格格不入、话不投机，于是就会自然地与之保持距离。

⊖ 钟毅平. 社会心理学 [M]. 北京：清华大学出版社，2020.

"心理学的研究还发现，人们总是倾向于夸大实际存在的相似性。当某人与我们有某方面的共同点时，我们往往因为喜欢而夸大这种相似性，更加喜欢这个人。当某人与我们有某方面的不同时，我们往往因为不喜欢而夸大这种不相似性，更加不喜欢这个人。这就使得相似性的作用在人际交往中被无意识地放大了。"[⊖]

喜欢与自己相似的人是一种自然的倾向，我们在与自己相似的人相处时感觉更安全、更舒适、更放松。在某种程度上，亲和偏见可能源于人们天生喜欢安全、舒适，喜欢顺着自己心思的人和事。

然而，如果我们在工作关系中，根据别人与我们的相似程度来决定自己与他们之间的关系，甚至区别对待他们，那么，工作沟通与协作关系就会被亲和偏见所干扰。

亲和偏见让我们对与自己不一样的人"看不惯"。在人与人之间、跨部门、跨地区、跨文化的工作关系中，可以很明显地看到亲和偏见的存在——"他们和我们不一样""看不惯他们的样子""他们怎么会那样想""他们怎么会那样做"，诸如此类的无意识偏见成为干扰团队成员合作的无形障碍。

⊖　钟毅平. 社会心理学 [M]. 北京：清华大学出版社，2020.

　　亲和偏见会影响管理者对团队成员的选择、任用和提拔，以及对工作任务的分配和对工作结果的评价。如果管理者从未意识到自己存在偏见，就可能在无意中表现出亲疏有别：对于与自己具备相似性的团队成员，可能会表露出不加掩饰的偏爱、过高的估计、过度的信任、过于密切的关系，将更好的工作任务分配给对方，将更多的机会留给对方。对于与自己没有相似之处的人可能会相对疏远，给予更严格的评价，甚至无意识地让对方感到被排斥、被孤立、没有被包容进来。长此以往，团队会走向涣散、分裂、冲突，还会导致负面情绪在团队中蔓延，团队绩效低下，甚至有些成员会因为管理者与自己不同频愤而辞职。这不仅限制了个人的发展，也破坏了团队的凝聚力。

　　如果高级管理者抱有很强的亲和偏见，他们可能会偏爱与自己相似的中层管理者。类似地，中层管理者又招募了与他们相似的人，如此一来，组织中会出现严重的同质化现象。这样的团队就会失去活力和创新能力，团队的决策也可能"跑偏"。

　　亲和偏见给人际沟通带来了不容忽视的干扰，对人的偏颇看法导致人际关系亲疏有别，沟通意愿和沟通态度也随之受到影响，具体体现在以下这些方面：

- 在沟通时态度偏颇，无根据地将一些人想得太好，或将另一些人想得不好。
- 沟通时头脑封闭、视野狭隘，听不进不一样的想法。
- 喜欢沟通的对象趋于同质化，工作圈子狭窄，限制个人发展。
- 无意中让某些个体感到被边缘化、被低估、未被包容。

要促进良好的工作沟通，建设包容的团队氛围，让每个人都感到被接纳，拥有归属感，管理者和团队成员都要努力克服亲和偏见，不能一味追求相似性。

实际上，所谓人际能力的核心正是处理人与人之间差异的能力。能与和自己风格相似的人合作愉快并非难事，能与和自己风格不同的人合作愉快才是可贵的人际能力。这当中最关键的一点是你如何看待差异。我们往往会将差异看成不和谐的原因。然而，我们必须积极地提醒自己，差异有其价值，我们可以用不一样的眼光重新看待人与人之间的差异，看到差异带来了不同的视角、互补并且让决策更加谨慎有效。

打破亲和偏见的一个好方法就是通过欣赏不同的人和

事带来积极的力量。通过这样做，我们可以瞬间改变自己对周围人的感受、对所在团队的感觉，而不是被动期待他人做出改变。

⊙案例 4-3

无偏见沟通方案

沟通前，进行无意识偏见扫描（如图 4-6 所示）：

- 觉察并勾选

在沟通之前，A 进行了偏见扫描，就本次沟通涉及的人（新上司 B、自己）和事（服务流程变更），对应"无意识偏见表现"逐项诚实检查。A 意识到自己在以往的工作经历中都是与风格一致的上司合作，想当然地跟着感觉走去处理工作关系，喜欢与自己个性相投的领导，不喜欢风格不同的领导。自己对新来的上司 B 存在亲和偏见，甚至在还没见到 B 之前，仅凭传言就对这个人有了成见，出现了抵触情绪。这样的偏见导致他看不惯这位新上司，认为他与自己不同频，听不进他说的话，也不想配合他搞什么改革。

无意识偏见扫描仪——案例 4-3

扫描偏见提示：
- 觉察并勾选：调整呼吸，让心绪平静下来，就本次沟通涉及的人和事，对应"无意识偏见表现"逐项诚实检查，觉察并勾选自身存在的偏见（多选）。
- 评估影响：对于勾选的偏见，评估它们会带来怎样的影响（对于沟通结果、关系、人际协作）。
- 管理偏见：运用相应的策略管理偏见，减少偏见的干扰。

序号	无意识偏见表现	偏见类别	觉察并勾选	评估影响	管理偏见
1	用固有的印象看待人／事／物，陷入过去的成见和积怨	固定看法			以发展的眼光看待
2	给人／事／物贴上了标签	过度概括			撕掉标签
3	用局限的视角看待人／事／物，看不到全局	视野受限			换位思考、扩展视野
4	做出了并非基于客观事实的臆测、假设、判断、决策	臆测误判			基于事实，理性思考
5	仅依靠大脑无意识的反应，没有做出理性的思考	自动驾驶			清醒地驾驭头脑
6	没有平等地对待彼此（高人一等／低人一等）	不平等			平等相待
7	在沟通中总想"赢"（我是对的，按我说的办，我要占上风）	自我中心			换位思考
8	高估自己（功劳、贡献、优点，水平或在其他方面的品质）	自我服务			基于事实客观感知
9	将问题／失败归咎于外因（目标不实际、时机不成熟、资源不足、合作者不给力）	自我服务			从自己身上找原因
10	对自己的能力、潜力，可得成就能达到的目标等有限制性的假设	自我限制			给自己松绑
11	喜欢相似，因为对方与我有相似之处（观点、个性、背景、生活方式等）所以才喜欢	亲和偏见	√	先入为主的亲疏态度	突破舒适圈
12	厌恶差异，因为对方与我没有相似之处（观点、个性、背景、生活方式等）所以不喜欢	亲和偏见	√	阻碍上下级沟通，有伤工作关系	接纳差异
13	因为一个正面特征／事件就自动认为对方所有方面都是正面的	晕轮效应			基于事实实事评价
14	仅因一个负面特征／事件就自动认为对方所有方面都是负面的	尖角效应			基于事实实事评价
15	带着年龄刻板印象看待某人，贬低其观点、能力、价值、贡献等	年龄偏见			基于事实实事评价
16	带着性别刻板印象看待某人，贬低其观点、能力、价值、贡献等	性别偏见			基于事实实事评价
17	自以为是，选择性地搜索、偏爱并使用信息来印证自己预先存在的观点、听不得不同意见	确认偏误			全面分析、理性决策
18	戴着"自己的文化眼镜"来看待其他群体，忽略群体中个体的差异	文化偏见			理解文化差异

图4-6 偏见扫描——案例4-3

- **评估影响**

亲和偏见导致先入为主的亲疏态度，喜欢与自己风格一致的老上司，排斥与自己风格有差异的新上司，这样的偏见阻碍上下级沟通，有伤工作关系。

- **管理偏见**

A决定调整自己的状态，走出以往在人际合作上的舒适区，接纳差异，尝试与风格不一样的新上司B合作，基于事实看待改革的必要性和可行性，努力配合新上司的工作，让协会的工作走上新的台阶。

沟通中：

B："上周说的变更服务流程的事怎么样了？"

A："还没开始呢，我手上还有更急的事，这边一忙完就着手弄。"

B："对咱们来说，这就是头等大事，轻重缓急你得拎得清啊。"

A："哦？是什么让您认为这是'头等大事'呢？"
←←← 全面倾听（开启好奇模式）、积极回应（引用）

B："会员单位的领导们已经向我多次投诉了，说咱们的服务流程还是10年前的，早就跟不上现在的要求了，造成了很多的问题，再不解决咱们可就要流失会员了！"

A："明白，那您肯定心里着急。"←←← **积极回应（共情）**

B："是啊，这事不能等，不合理的流程必须马上改！"

A："明白，不过变更流程不是小事，涉及方方面面，我需要想想如何又快又好地做到。"←←← **理性思考（放慢节奏）**

B："你把别的事都放下，先处理这件事，这周之内必须搞定。"

A："我理解这件事紧急且重要，不过要做好流程变更，需要做好两方面的工作。一是**程序方面，首先要收集会员单位的全面反馈，然后基于这些反馈，内部开会论证哪些可以变更、如何变更，最后确定并实施新的流程。二是时间规划**，现在开始全速推进至少需要两周，我建议新流程下个月1号再启用，这样新旧流程之间整月衔接不会乱，同时也能留出更多时间与会员单位沟通并解答它们的疑问。所以依我看，两周是最短的时

间了，我表达清楚了吗？"←←←　**简明表达（简**
言、结构化表达、确认被理解）

B：“清楚是清楚，不过我还是觉得越快越好，因为每
天都有人打电话催这事儿，我这新官上任必须有
新气象啊。”

A：“嗯，站在您的角度，确实需要尽快给会员单位一
个交代。"←←←　**尊异求同（探索多样视角——**
对方视角）

B：“是啊。”

A：“从我这边测算，至少需要两周时间才能完成。”
←←←　**尊异求同（探索多样视角——自我**
视角）

B：“不能再快点吗？”

A：“**其实咱们的目标是一致的，都是想又快又好地解**
决问题，只不过是站在两个不同的角度。就这件
事而言，其实还有其他的角度，那就是从协会的
全局工作和长远利益来看，最好的结果是这次改
革既能解决眼前的问题让各方满意，也能为协会
的未来发展带来价值，不能因为考虑不周、仓促

变动带来后续的问题。在这种情况下，**我这边能做的是**，今天之内起草一封邮件，告知会员我们即将启动变更服务流程的工作，并附上一份时间表，其中包括每一步工作的时间节点、必要的说明以及对遗留问题的特殊处理办法。这封邮件您今天下班前就可以发给会员单位，相信它们知道变更已在日程上就不会再催您了。**您看怎么样？**"

←←← 尊异求同（探索多样视角——全局视角、未来视角）

B："你这个主意好！"

A："那好，我马上去办，感谢领导的理解和信任！"

←←← 尊异求同（达成开放共识、表达感谢欣赏）

B："好，需要什么支持随时找我！我这刚到任就面临一大堆问题，心里确实着急了，以后还需要你多给我提个醒。"

沟通后，填写虚怀反思清单（如图4-7所示）：

虚怀反思清单——案例 4-3	
1. 我如何评价本次沟通的总体效果？	□超出预期 ☑达到预期 □未达预期
2. 双方的关系在沟通后的增进程度如何？	☑超出预期 □达到预期 □未达预期
3. 我对自己在本次沟通中的总体表现如何打分？（1~100 分）	90 分
4. 我对自己在本次沟通中管理偏见的情况如何打分？（1~100 分）	90 分
5. 描述我在本次沟通中做得好的两个地方。	1. 很好地管理了亲和偏见；2. 提出建议并承诺行动
6. 我在倾听过程中出现了哪些问题（评判、反驳、急于给建议、听不得不同意见、走神等），下次如何避免？	基本做到了专注于倾听并理解对方的意思
7. 我给予对方的回应有什么不妥之处，下次如何改进？	无
8. 我在沟通时有没有刻意放慢节奏进行理性思考？	有
9. 我的表达是否足够简洁、清晰，让对方能轻松理解？	是
10. 沟通中说过的哪些话让我感到后悔？（如有）我当时为什么要那样说？	无
11. 我做到了尊重差异的观点还是不免固执己见？	尊重了对方的观点，也提出了更好的建议
12. 我从本次沟通中学到的最重要的一点是什么？	放下亲和偏见，与不同频的人也能顺畅合作

图4-7　虚怀反思——案例4-3

晕轮效应

案例 4-4　完美候选人

A是某公司分管业务的副总经理，这几年，公司业务快速发展急需优秀的接班人。今天，助理为A安排了管理培训生（简称管培生）的面试。在面试之前，他快速浏览了多位候选人的简历，其中，候选人B简历上的关键词完美符合他的期望：名校毕业、学生会干部、头部企业实习经历。不仅如此，简历上的照片也阳光帅气。于是，他跟助理说先安排B进来面试，如果B合适，就不见其他人了。

A：（ 🗨完美候选人！能把这个年轻人招进来我可捡到了宝。）

"你的简历我看过了，非常符合我们的要求，细节我就不问了，就提一个问题——如果被选中作为管培生，你打算怎么开展工作？"

B："谢谢领导对我的鼓励！如果有幸被选中做管培生，我会做三件事。第一就是快速融入，尽快熟悉公司的环境，了解业务和人；第二是虚心学习，作为新人我要向前辈们学习宝贵的运营和管理经验，同时加强学习业务知识和提升专业能力；第三就是勤于复盘，刚开始肯定有很多做得不好的地方，我自己会定期总结，从不足中吸取教训，错过的地方'不二过'，这也是我大学期间就养成的一个习惯，这方面领导可以放心。"

A：（😊 太好了，真是个有出息的好苗子！）

"非常好。你最快什么时候能入职？"

B："我……"

A：（😊 最好能尽快入职，马上开始培养！）

"你下周一能来吗？我正好去各地市场转一转，可以带上你，这是个难得的学习机会。"

B："谢谢领导。我能不能先了解一下公司对管培生的培养计划、未来的职业发展情况以及培养期内的薪酬福利情况？"

A：（😊 完美候选人就得破格录用。）

"这些都不用担心，公司待遇相当不错，我通知人事部破格让你先入职。来了之后就跟着我，多往各地市场跑一跑，你这么聪明，很快就能上手。今天面试就先到这里，你回去准备一下。"

B："哦……"

（三天后）

助理："领导，那天您面试的管培生拒绝了咱们的录用，说这边的面试流程不太正规，出差也太多，正好他手上还有一个行业竞争对手发出的录用通知，他选择去了那家公司。"

在上述沟通案例中，A作为面试官的表现与晕轮效应有关。

在人际交往中，仅因局部的正面特征/事件（如名校毕业）就自动认为一个人的所有方面都是正面的（如德才兼备），产生这种错觉的现象被心理学称为"晕轮效应"。

晕轮效应在我们形成对人的看法时起着很大的作用，导致以偏概全的认知，影响我们的态度、判断与决策。

"研究表明，我们会自动给长得好看的人添加一些正面特点，比如有才华、善良、诚实、聪明、随和、值得信任等。然而，我们在做出这些判断的时候并没有意识到外表

的魅力在其中发挥的作用。'好看就等于好'这种无意识假设造成的部分后果把我吓了一跳。"[⊖]

在日常谈话、面试沟通、工作分配、绩效面谈等工作沟通中，我们常常可以看到晕轮效应。例如人们可能因为"颜值"高而赢得同事的好感，面试官可能会被光鲜的简历所吸引而忽略对面试者的全面考察，主管可能会过于关注员工的某个好品质而将该品质泛化为员工的整体绩效表现都好。

⊙ 案例 4-4

无偏见沟通方案

沟通前，进行无意识偏见扫描（如图 4-8 所示）：

- 觉察并勾选

在进行面试之前，A 进行了偏见扫描，诚实地检视自己作为面试官可能存在的偏见。通过偏见扫描，A 觉察到自己平时在面试时存在晕轮效应，特别容易被光鲜的简历和期待的关键词所吸引，忽略其他重要信息，没有耐心去关注细节，无意识地认为简历光鲜的候选人就一定优秀，有时会根据主观

⊖ 西奥迪尼.影响力（全新升级版）[M]. 闾佳，译.北京：北京联合出版公司，2021.

无意识偏见扫描仪——案例4-4

扫描偏见提示：
- 觉察并勾选：调整呼吸，让心绪平静下来，就本次沟通涉及的人和事，对应"无意识偏见表现"逐项诚实检查，觉察并勾选自身存在的偏见（多选）。
- 评估影响：对于勾选的偏见，评估它们会带来怎样的影响（对于沟通结果、关系、人际协作）。
- 管理偏见：运用相应的策略管理偏见，减少偏见的干扰。

序号	无意识偏见表现	偏见类别	觉察并勾选	评估影响	管理偏见
1	用固有的印象看待人/事/物，陷于过去形成的成见和积怨	固定看法			以发展的眼光看待
2	给人/物贴上了标签	过度概括			撕掉标签
3	用局限的视角看待人/事/物，看不到全局	视野受限			换位思考，扩展视野
4	做出了并非基于客观事实的臆测、假设、判断、决策	臆测判断			基于事实，理性思考
5	仅依靠大脑无意识的反应，没有做出理性的思考	自动驾驶			清醒地驾驭头脑
6	没有平等地对待彼此（高人一等/低人一等）	不平等			平等相待
7	在沟通中总想"赢"（我是对的，我要占上风）	自我中心			换位思考
8	高估自己（功劳、优点、贡献等）水平或在其他方面的品质	自我服务			基于事实感知
9	将问题/失败归咎于外因（目标不实际、时机不成熟、资源不足、合作者不给力）	自我服务			从自己身上找原因
10	对自己的能力、潜力、可得机会，能达到的目标等有限制性的假设	自我限制			给自己松绑
11	喜欢相似，因为对方与我有相似之处（观点、个性、背景、生活方式等）所以喜欢	亲和偏见			突破舒适圈
12	厌恶差异，因为对方与我没有相似之处（观点、个性、背景、生活方式等）所以不喜欢	亲和偏见			接纳差异
13	仅因一个正面特征/事件就自动认为对方所有方面都是正面的	晕轮效应	√	干扰面试沟通，导致人事决策风险	基于事实评价
14	仅因一个负面特征/事件就自动认为对方所有方面都是负面的	尖角效应			基于事实评价
15	带着年龄刻板印象看人，贬低其观点、能力、贡献等	年龄偏见			基于事实评价
16	带着性别刻板印象看人，贬低其观点、能力、价值、贡献等	性别偏见			基于事实评价
17	自以为是，选择性地搜索、偏爱并使用信息来印证自己预先存在的观点，听不得不同意见	确认偏误			全面分析，理性决策
18	戴着"自己的文化眼镜"来看待其他群体，忽略群体中个体的特征	文化差异			理解文化差异

图4-8 偏见扫描——案例4-4

的感觉做出录用的决定。

- 评估影响

晕轮效应干扰面试沟通，导致人事决策风险，包括选中错的候选人，或错过对的候选人。

- 管理偏见

A决定认真审阅每一份候选人的详细简历，关注所有的细节，在有疑问的地方做好标注，准备好结构化的统一面试问题清单，在面试过程中基于事实评价候选人，有意识地管理晕轮效应。

沟通中：

A："今天面试需要了解一些细节问题。首先是你为什么应聘我们公司的管培生？"

B："因为我了解贵公司在业界领先，市场前景好，也特别重视人才发展，我希望用我所学的专业在这里做出贡献。我一直关注贵公司的招聘信息，参加面试之前也仔细浏览了公司的网站和有关的介绍，做好了充足的准备。如果有幸成为管培生，我一定好好干！"

A："很好，你是从什么时候开始关注我们的招聘信息的？"←←← **全面倾听（开启好奇模式）**

B："从我读研究生开始，一直都在关注，这样的**好工作**很难得。"

A："哦，那你打算如何做好这份'**好工作**'？"←←←

积极回应（引用）

B："如果有幸被选中做管培生，我会做三件事：第一就是快速融入，尽快熟悉公司的环境，了解业务和人；第二是虚心学习，作为新人我要向前辈们学习宝贵的运营和管理经验，同时加强学习业务知识和提升专业能力；第三就是勤于复盘，一开始肯定有很多做得不好的地方，我会定期反思总结，从不足中吸取教训，错过的地方'不二过'，这也是我大学期间就养成的一个习惯，这方面领导可以放心。"

A："很好。对于这份工作，你有什么需要了解的吗？"←←←　**积极回应（提问）**

B："谢谢领导。我能不能先了解一下公司对管培生的培养计划、未来的职业发展情况以及培养周期内的薪酬福利情况？"

A："可以，我这里有一个管培生项目的介绍，等下我拿给你看看。另外，人事部会给进入下一轮面试的候选人做更详细的介绍。"←←←　**理性思考**

（放慢节奏）

B："好的。"

A："我可以给你介绍的是，管培生这个岗位有三大特
点：它比一般的岗位更有挑战性、对人的要求更高、
个人成长也更快。我们物色候选人的三个标准是：
勤奋自律、虚心好学、拥抱挑战。此外，这份工作
需要到各部门轮岗，出差比较频繁，培养 3 年之后
回到总部的管理岗位上。你觉得怎么样？"←←←

简明表达（简言、结构化表达、确认被理解）

B："我非常喜欢有挑战性的工作，这也是我为什么参
加此次应聘。不过我有一个实际困难，就是家人
身体不太好，我不能经常出差在外。"

A："了解，那你的情况确实不适合频繁出差。我们可以
结合你的情况，灵活调整出差的安排。"←←←　**尊
异求同（探索多样视角——对方视角）**

B："那太好了，谢谢您考虑到我的实际困难。"

A："没问题，我们对你的情况基本满意，你愿意加入
公司吗？"←←←　**尊异求同（达成开放共识）**

B："我非常愿意，谢谢您的认可！"

A："也谢谢你前来参加面试，接下来人事部会安排具体

的入职流程，希望尽快看到你加入公司！"←←←

尊异求同（表达感谢欣赏）

沟通后，填写虚怀反思清单（如图4-9所示）：

虚怀反思清单——案例4-4	
1. 我如何评价本次沟通的总体效果？	☐超出预期 ☑达到预期 ☐未达预期
2. 双方的关系在沟通后的增进程度如何？	☐超出预期 ☑达到预期 ☐未达预期
3. 我对自己在本次沟通中的总体表现如何打分？（1～100分）	90 分
4. 我对自己在本次沟通中管理偏见的情况如何打分？（1～100分）	90 分
5. 描述我在本次沟通中做得好的两个地方。	1. 觉察并管理了晕轮效应；2. 提出了几个好问题
6. 我在倾听过程中出现了哪些问题（评判、反驳、急于给建议、听不得不同意见、走神等），下次如何避免？	有想给建议的冲动，须培养好奇心，多听年轻人的想法
7. 我给予对方的回应有什么不妥之处，下次如何改进？	无
8. 我在沟通时有没有刻意放慢节奏进行理性思考？	有
9. 我的表达是否足够简洁、清晰，让对方能轻松理解？	是
10. 沟通中说过的哪些话让我感到后悔？（如有）我当时为什么要那样说？	无
11. 我做到了尊重差异的观点还是不免固执己见？	尊重了对方的特殊情况并给予灵活的安排
12. 我从本次沟通中学到的最重要的一点是什么？	以客观的标准观察、评价候选人才能确保招聘成功

图4-9　虚怀反思——案例4-4

尖角效应

案例 4-5　真希望团队没有这个人

在刚刚召开的公司年会中的颁奖环节，行政部出了个大纰漏——获奖证书内页的名字与上台领奖的人张冠李戴，导致台上台下一片尴尬。颁奖环节由部门员工 B 负责，负责年会的行政经理 A 又急又气：这人也太不靠谱了，这点儿事都能搞错，平时一向不思进取，一副混日子的样子，明天一上班必须要毫不留情地给他负面反馈。

A：（💭 挺整齐的团队就这么一个拖后腿的，真希望团队没有这个人。）

"关于你的工作，我这边观察到一些情况，咱们需要好好谈谈。"

B："谈就谈吧。"

A：（💭 你这是什么态度？）

"首先说年会证书纰漏的事，这不仅影响了年会表彰先进的效果，也成了咱们部门年度工作的一大败笔。你当时负责这个环节，需要对此承担责任，而且必须做出反思。"

B："我反思？出了问题您就没有责任吗？"

A：(🗨️ 居然还把球踢给我了？！)

"今天说的是你的问题，不要扯别人。"

B："问题是您分工不合理，部门的人闲的闲死，忙的忙死，当天晚上我一个人身兼数职，台上台下根本顾不过来。不过这也不奇怪，咱部门一向如此，不做事不出错，做事的倒被指责。"

A：(🗨️ 就你这样的有什么资格发牢骚？)

"这么说，你做事了？我怎么觉得你一直在'躺平'啊，什么时候你主动干点儿什么了？"

B："那您怎么不想想，好好儿的我为什么要'躺平'？因为您一直区别对待，咱部门压根儿就没有公平！"

上述案例中的沟通问题与尖角效应有关。

尖角效应，是指一个人在某一点上给人们留下了坏的印象，那么人们对他其他的品质评价也会偏低，即人们仅选择了某一个点去关注，并把所有进一步的判断都建立在这一点的基础上。

比如，员工在一次工作中犯了错误，给主管人员留下了不好的印象，主管因此认为这位员工在其他方面也靠不住，于是就再也不放心把重要的工作交给他。

尖角效应造成了一种固定的错误印象，扭曲了对人的看法。如果人们注意到的第一个特征是消极的，那么就会有一种忽视其他更积极的特征的倾向，导致有偏见的判断和评估，这样评价人不免以偏概全。

然而，人是一个整体，而且是不断发展变化的，对人的判断应当基于全面的事实，而不是片鳞半爪的印象，尤其是在工作场合。我们需要用发展的眼光看待身边的合作伙伴，全面地评价一个人的能力和表现。

⊙ **案例 4-5**

<h2 style="text-align:center">无偏见沟通方案</h2>

沟通前，进行无意识偏见扫描（如图 4-10 所示）：

无意识偏见扫描仪——案例4-5

扫描偏见提示：
- 觉察并勾选（多选）：调整呼吸，让心绪平静下来，就本次沟通涉及的人和事，对应"无意识偏见表现"逐项诚实检查，觉察并勾选自身存在的偏见（多选）。
- 评估影响：对于勾选的偏见，评估它们会带来怎样的影响（对于沟通结果、关系、人际协作、减少偏见的干扰）。
- 管理偏见：运用相应的策略管理偏见。

序号	无意识偏见表现	偏见类别	觉察并勾选	评估影响	管理偏见
1	用固有的印象看待人/事/物，陷于过去的成见和积怨	固定看法		固定的错误印象	以发展的眼光看待
2	给人/事/物贴上了标签	过度概括	✓	限制了对方发展的可能	撕掉标签
3	用局限的视角看待人/事/物，看不到全局	视野受限			换位思考、扩展视野
4	做出了非基于客观事实或意识的反应，没有做出理性的思考	臆测误判			基于事实、理性思考
5	仅依靠大脑对事物做出反应，没有意识到的思考	自动驾驶			清醒地驾驭头脑
6	没有平等地对待彼此（高人/低人一等）	不平等			平等相待
7	在沟通中总是"赢"（我是对的，按我说的办，我要占上风）	自我中心			换位思考
8	高估自己（功劳、贡献、优点、水平或在其他方面的品质）	自我服务			基于事实感知
9	将问题/失败归咎于外因（目标不实际、时机不成熟、资源不足、合作者不给力）	自我服务			从自己身上找原因
10	对自己的能力、潜力、可得到的机会、能达到的目标等有限制性的假设	自我限制			给自己松绑
11	喜欢相似，因为对方与我有相似之处（观点、个性、背景、生活方式等）所以喜欢	亲和偏见			突破舒适圈
12	厌恶差异，因为对方与我没有相似之处（观点、个性、背景、生活方式等）所以不喜欢	亲和偏见			接纳差异
13	仅因一个正面特征，事件就自动认为对方所有方面都是正面的	晕轮效应			基于事实评价
14	仅因一个负面特征，事件就自动认为对方所有方面都是负面的	尖角效应	✓	以偏概全地评价人，影响协作关系	基于事实评价
15	带着年龄刻板印象看人，贬低其观点、能力、价值、贡献等	年龄偏见			基于事实评价
16	带着性别刻板印象看人，贬低其观点、能力、价值、贡献等	性别偏见			基于事实评价
17	仅以为是，选择性地搜索、偏爱并使用信息来印证自己预先存在的观点，听不进不同意见	确认偏误			全面分析、理性决策
18	戴着"自己的文化眼镜"来看待其他群体，忽略群体中个体的特征	文化差异			理解文化差异

图4-10　偏见扫描——案例4-5

- 觉察并勾选

在沟通之前，A 进行了偏见扫描，对应扫描仪中的"无意识偏见表现"逐项诚实检查自己对人（B）、对事（年会纰漏、平时表现）存在哪些偏见。通过偏见扫描，A 觉察到自己受到了尖角效应的影响，用固定的眼光看待 B，给 B 贴上了"躺平"的标签，认为他的问题是他自己造成的，是他不思进取，一旦工作中出了纰漏就负面地评价他整个人，存在以偏概全的情况。然而作为主管，应当用发展的眼光看待人，了解员工表现背后的原因，理解他们的情绪和感受，倾听他们的真心话，同时不断反思自己的言行是否让员工感到不公平，失去了应有的工作热情。

- 评估影响

固定的、偏颇的看法带来错误的印象。

贴标签限制了对方发展的可能。

以偏概全评价人，影响部门内的协作关系。

- 管理偏见

A 决定刷新头脑中对 B 的印象，以发展的眼光看待人，撕掉过去的标签，与 B 推心置腹地聊一聊，听听他的心里话，基于事实评价他的工作表现，找到其工作状态不佳背后的原因，帮助 B 从低绩效的状态实现转变，成为工作表现优秀的员工。

沟通中：

A："关于你的工作，我这边观察到一些情况，咱们需要好好谈谈。"

B："谈就谈吧。"

A："首先说年会证书纰漏的事，这不仅影响了年会本身表彰先进的效果，也成了我们部门年度工作的一大败笔。你当时负责这个环节，我想听你说说当时是怎么回事。"←←← **全面倾听（开启好奇模式）**

B："当天我一个人身兼数职，台上台下根本顾不过来，就让前台的同事帮忙打印证书内页，结果内页的名字与外皮提示的名字弄混了。"

A："原来是这样，那你后来没有复核一下吗？"←←← **积极回应（提问）**

B："当时都火烧眉毛了，哪有工夫复核？"

A："哦，让我想想当天是怎么分工的来着。"←←← **理性思考（停下来思考）**

B："当天的分工不合理，部门的人，闲的闲死，忙的忙死，不过也不稀奇，咱部门一向如此。"

A：“听得出来你有些意见，不妨多说说。”←←← **全面倾听（开启好奇模式）**

B：“您平时分配工作区别对待，印象好的就给他们好活儿，印象不好的就给他们脏活儿、苦活儿，这不公平！”

A：“哦？我完全没有意识到自己有这种倾向。这么说，那天的事我也有责任，我也需要反思一下。”←←← **简明表达（简言）**

B：“其实部门里早就有这样的怨气，只是别人不跟您说罢了。”

A：“我观察到你平时工作情绪不高，与这一点有关系吗？”←←← **尊异求同（探索多样视角——对方视角）**

B：“当然了，不公平就‘躺平’呗。”

A：“那我真要感谢你这么坦诚地告诉我，不然我还意识不到呢。以后再有这种情况，别有顾虑，直接跟我说，这样咱部门才能越来越好。”←←← **尊异求同（达成开放共识、表达感谢欣赏）**

B：“没问题！”

沟通后，填写虚怀反思清单（如图 4-11 所示）：

虚怀反思清单——案例4-5	
1. 我如何评价本次沟通的总体效果？	□超出预期 ☑达到预期 □未达预期
2. 双方的关系在沟通后的增进程度如何？	☑超出预期 □达到预期 □未达预期
3. 我对自己在本次沟通中的总体表现如何打分？（1~100分）	85 分
4. 我对自己在本次沟通中管理偏见的情况如何打分？（1~100分）	90 分
5. 描述我在本次沟通中做得好的两个地方。	1. 对逆耳的话能带着好奇全面倾听；2. 尊重不同的意见
6. 我在倾听过程中出现了哪些问题（评判、反驳、急于给建议、听不得不同意见、走神等），下次如何避免？	听到对方的牢骚想反驳，应多练习克制这样的冲动
7. 我给予对方的回应有什么不妥之处，下次如何改进？	无
8. 我在沟通时有没有刻意放慢节奏进行理性思考？	有
9. 我的表达是否足够简洁、清晰，让对方能轻松理解？	是
10. 沟通中说过的哪些话让我感到后悔？（如有）我当时为什么要那样说？	无
11. 我做到了尊重差异的观点还是不免固执己见？	虚心听取了对方的反馈
12. 我从本次沟通中学到的最重要的一点是什么？	去除尖角效应，基于事实全面地评价人

图4-11 虚怀反思——案例4-5

年龄偏见

案例4-6　他们年纪那么大了，能有什么好创意

　　A年轻有为，毕业前就进入多家4A广告公司实习，后加入某跨国公司上海办公室，28岁就做到了创意总监，手下是清一色的年轻小伙伴。最近，为了交付一个大型项目，公司让A与北京的创意总监B联合带领两地的团队共同为客户提供服务。B有50多岁，是公司的元老，手下也都是"老同志"。就本次合作事宜，A与B预约召开视频会议。

　　A：（😶想到与老同志一起工作就发怵。）

　　"B总，很高兴有机会向您学习。"

　　B："我也是啊，咱们互相学习，一起把这个项目做好！"

　　A：（😶他们年纪那么大了，能有什么好创意。）

　　"创意方面呢，上海这边可以出，小伙伴们个个都

很厉害，都是'点子库'，去年我们出的创意好几个都获奖了。我已经跟他们说了，这边有了方案就发给您，您带着北京的团队给把把关，这样比较高效，也不耽误你们服务其他的客户。"

B：" 你们年轻人的创意能力有目共睹。这次公司领导是考虑到客户一直在传统行业深耕，对方案的要求又很高，所以才让咱们联合做这个项目。北京这边服务的传统客户比较多，积累了一些经验。我提议咱们两地就这次项目组建一个大团队，建立联合工作的机制，同步所有的信息和进展，再盘点一下两地人才的情况，发挥各自的优势，合力把项目做好。"

A：（ 🗯 老同志就是善于把事情搞复杂。）

"我觉得咱们还是按现在两边的团队分头行动比较好，有必要的时候再碰头，这样更灵活、更高效。"

B："不过我还是觉得应当组织两边的团队一起头脑风暴，多碰撞，抓准客户的需求，大家互相激发，这样能出来更好的创意。"

A：（ 🗨 饶了我吧。）

"其实不用，我对小伙伴们有信心。"

上述案例中的沟通问题与年龄偏见有关。

年龄偏见是基于年龄对人的成见，即仅根据年龄而不是能力、水平或经验来评价人。

无意识的年龄偏见导致人们认为年长的人缺乏好奇心、抗拒变化、不掌握新技能，没有能力像年轻人一样高效地完成任务；或者认为年轻的人欠缺经验、责任心差、莽撞行事，不能委以重任。

"欧洲的一项研究显示，在 50% 的情况下，名字听起来更老气的简历比名字听起来更现代的简历更不容易获得工作机会。无意识的偏见可能会导致人们想当然地认为，名字听起来比较老的成年人不太可能具备当今工作所需的技能。"⊖

年龄偏见横亘在那里，让不同年龄段的人互相看不到对方的价值，误以为与对方沟通是浪费时间，以至于跨年

⊖ 《微软：全球多样性和包容性》

龄的协作常常出现问题。

"当不同年龄段的成员在一起工作时，沟通就会出现挑战。例如，与前几代人相比，'千禧一代'往往不太想在工作中建立私人联系。这种差异可能会导致基于团队的组织中的代际困难。'千禧一代'也比前几代人更需要肯定的反馈。因为他们对成就有强烈的渴望，他们希望得到明确的指示来正确完成工作，而不是在工作时被步步紧盯。完成工作任务后，他们同样渴望得到表扬。对于'婴儿潮'一代的老板来说，这种指导和反馈令人讨厌。依照老板的经验，'没有消息就是最好的消息'，也就是说没有人通知你搞砸了便是最好的表扬。"[⊖]

年龄偏见让人们对于跨年龄的沟通意愿低下，而敷衍进行的沟通则常常无效。因为思想层面存在抵触，所以听不进对方的话，即便听了也不做积极的回应，在谈话中容易出现不耐烦和不满的情绪，甚至引发摩擦和冲突。年龄偏见阻碍人们跨越年龄进行有效的交流，让人们无法从"走过场"的沟通中获得有价值的东西。

然而，年轻和年长是相对的概念，并不能完全代表人

⊖ 阿德勒，罗森菲尔德，普罗科特. 沟通的本质：什么是沟通，为什么沟通以及如何沟通 [M]. 黄素菲，黄成瑗，译. 郑州：河南文艺出版社，2023.

们客观的情况和特点。关于年龄的刻板印象应当被打破：年轻人可以老成持重，在专业领域经验丰富；年长者也可以与时俱进，贡献"新想法"和"新思维"。

实际上，年龄差恰恰提供了人与人之间互相学习的良机。在当今"五代同堂"的职场中，不同年龄段的人在一起工作有助于探索多样性的观点，相互取长补短，相互激发和滋养。

一旦摒弃了年龄偏见，跨年龄、跨代际的沟通往往可以使人们收获更多。年长者可以通过沟通向年轻人学习新思维、新技术、新能力，站在时代的前沿；年轻人也可以向年长者学习经验、征求建议、借取智慧，站在巨人的肩膀上。

⊙ **案例 4-6**

无偏见沟通方案

沟通前，进行无意识偏见扫描（如图 4-12 所示）：

- 觉察并勾选

在沟通之前，A 进行了偏见扫描，对应扫描仪中的"无意识偏见表现"逐项诚实检查自己对人（B 及其手下的"老

无意识偏见扫描仪——案例4-6

扫描偏见提示:
- 觉察并勾选: 调整呼吸，让心绪平静下来，就本次沟通涉及的人和事，对应"无意识偏见表现"逐项诚实检查，觉察并勾选自身存在的偏见（多选）。
- 评估影响: 对于勾选的偏见，评估它们会带来怎样的影响（对于沟通结果、关系、人际协作）。
- 管理偏见: 运用相应的策略管理偏见，减少偏见的干扰。

序号	无意识偏见表现	偏见类别	觉察并勾选	评估影响	管理偏见
1	用固有的印象看待人/事/物，陷于过去的成见和积怨	固定看法			以发展的眼光看待
2	给人/事/物贴上了标签	过度概括	√	贬低年长者的价值，限制其发展	撕掉标签
3	用局限的视角看待人/事/物，看不到全局	视野受限			换位思考，扩展视野
4	做出了并非基于客观事实的臆测、假设、判断、决策	臆测误判			基于事实，理性思考
5	仅依靠大脑无意识的反应，没有做出理性的思考	自动驾驶			清醒地驾驭头脑
6	没有平等地对待彼此（高人一等/低人一等）	不平等			平等相待
7	在沟通中总想"赢"（想是对的，投我说的办，我要占上风）	自我中心			换位思考
8	高估自己（功劳、贡献、优点，水平或在其他方面的品质）	自我服务			基于事实感知
9	将问题/失败归咎于外因（目标不现实，时机不成熟，资源不足，合作者不给力）	自我服务			从自己身上找原因
10	对自己的能力、潜力、可得到的机会、能达到的目标等有限制性的限设	自我限制			给自己松绑
11	喜欢相似，因为对方与我有相似之处（观点、个性、背景、生活方式等）所以偏爱	亲和偏见			突破舒适圈
12	厌恶差异，因为对方与我没有相似之处（观点、个性、背景、生活方式等）所以不喜欢	亲和偏见			接纳差异
13	仅因一个正面特征/事件就自动认为对方所有方面都是正面的	晕轮效应			基于事实评价
14	仅因一个负面特征/事件就自动认为对方所有方面都是负面的	尖角效应			基于事实评价
15	带着年龄刻板印象看人，贬低其观点、能力、价值、贡献等	年龄偏见	√	不利于跨年龄协作，浪费人力资源	基于事实评价
16	带着性别刻板印象看人，贬低其观点、能力、价值、贡献等	性别偏见			基于事实评价
17	自以为是，选择性地搜索，偏爱并使用信息来证实自己预先存在的观点，听不得不同意见	确认偏见			全面分析，理性决策
18	戴着"自己的文化眼镜"来看待其他群体，忽略群体中个体的特征	文化偏见			理解文化差异

图4-12 偏见扫描——案例4-6

同志")、对事（跨团队合作、出创意）存在哪些偏见。通过偏见扫描 A 发现自己对年长的同事存在年龄偏见，给他们贴上了"老同志"的标签，认为他们已经跟不上时代了，在创意方面乏善可陈，内心抵触与他们合作，又不得不合作。

- 评估影响

对年长的同事贴标签贬低了他们的价值，限制了他们的发展。

年龄偏见不利于跨年龄、跨代际的沟通与协作，浪费了人力资源。

- 管理偏见

从这次沟通开始，A 决定有意识地管理年龄偏见，撕掉对 B 及其手下同事的"老同志"标签，基于事实评价年长的同事，在沟通时带着好奇心和耐心，以学习的心态和发展的眼光听取对方的想法和建议。

沟通中：

A："B 总，很高兴有机会向您学习，您的团队经验丰富，接下来具体怎么做，要先听听您的建议。"

←←← **全面倾听（开启好奇模式）**

B："我也是啊，咱们互相学习！这次是公司领导考虑到客户一直在传统行业深耕，对方案的要求很高，所以才让咱们联合做这个项目。我们这边服务的传统客户确实比较多，积累了一些经验。我提议咱们就这次项目组建一个大团队，建立联合工作的机制。"

A："您说的'联合工作的机制'具体包括哪些？"←←←积极回应（引用、澄清）

B："包括建立工作群、组织头脑风暴、同步所有的信息和进展等，另外，咱们还要盘点一下两地人才的情况，发挥各自的优势，合力把项目做好，争取超出客户预期。"

A："嗯，让我想一想。联合工作确实可以最大限度地集思广益，不过会不会效率不高？"←←← 理性思考（停下来思考）、积极回应（提问）

B："是需要花点儿时间，不过对这家客户来说是必要的，他们一直在传统行业深耕，对方案的要求很高，我们必须抓准需求，下足功夫，拿出让客户眼前一亮的方案。"

A："您的意思是两地团队联合，同步行动，对吗？"

←←← 积极回应（澄清）

B：“是的。”

A：“我的想法不太一样，因为创意这事儿人多未必力量大，还不如咱们保持现在两地的小团队，分头行动，各自出方案，然后再碰撞，这样可能更高效。”←←←简明表达（简言）

B：“也许也是个办法。”

A：“咱们的目标是一致的，只是对具体的工作方式设想不太一样。我需要花点儿时间考虑一下。要不然咱们各自考虑一下，也听听小伙伴们的意见，两天后再开个会敲定下来，您看怎么样？”
←←← 尊异求同（达成开放共识——约定再谈）

B：“我看行，就按你的提议，都再想想，两天后再碰头。”

A：“感谢您提议的联合行动方案，给了我很大的启发，我回去一定好好想想，过两天再聊。”←←←
尊异求同（表达感谢欣赏）

沟通后，填写虚怀反思清单（如图4-13所示）：

虚怀反思清单——案例4-6	
1. 我如何评价本次沟通的总体效果？	□超出预期 ☑达到预期 □未达预期
2. 双方的关系在沟通后的增进程度如何？	☑超出预期 □达到预期 □未达预期
3. 我对自己在本次沟通中的总体表现如何打分？（1~100分）	_85_ 分
4. 我对自己在本次沟通中管理偏见的情况如何打分？（1~100分）	_90_ 分
5. 描述我在本次沟通中做得好的两个地方。	1.打破年龄偏见，带着学习心态沟通；2.寻求共赢，约定再谈
6. 我在倾听过程中出现了哪些问题（评判、反驳、急于给建议、听不得不同意见、走神等），下次如何避免？	听到对方的话想反驳，以后多克制无意识的反应
7. 我给予对方的回应有什么不妥之处，下次如何改进？	无
8. 我在沟通时有没有刻意放慢节奏进行理性思考？	有
9. 我的表达是否足够简洁、清晰，让对方能轻松理解？	是
10. 沟通中说过的哪些话让我感到后悔？（如有）我当时为什么要那样说？	无
11. 我做到了尊重差异的观点还是不免固执己见？	尊重对方的意见，保留自己的意见，承诺三思后再谈
12. 我从本次沟通中学到的最重要的一点是什么？	放下年龄偏见，年龄差可以变成竞争优势

图4-13 虚怀反思——案例4-6

性别偏见

案例 4-7　怎么派个女助理来谈这么重要的事

　　A 在某设备生产公司负责零部件采购，因客户方需求突然增加，公司需要向供应商紧急追加零部件订单。于是，A 急忙到零部件供应厂家洽谈追加订单事宜。B 女士是供应商公司新来的销售部副总。

　　B："您好，听说贵司要追加订单，麻烦您确认一下数量和交货期。"

　　A：（🗯怎么派个女助理来谈这么重要的事。）

　　　　"你们管事的张总监不在吗？"

　　B："哦，他不在，今天我负责跟您谈。"

　　A：（🗯急急急！最低价！）

　　　　"这一单我们追加 10 000 件，十万火急，最快什么时候能交货？还有价格必须比原单的价格低 5%。"

　　B："今天追加订单的话，最快也要 15 天才能交货。

价格方面，可以还按原单，这已经是市场上最低的价格了。"

A：(🗨 你个助理懂什么？)

"你不清楚以前的事，我们是 10 年的老客户了。"

B："这个我了解，不过不可能有更多折扣了，给您的已经是市场最低价了，不信您可以去做调查。"

A：(🗨 岂有此理，我找你领导！)

"那不行，我们不接受。再说你这个女助理说话也不算数，我没时间跟你掰扯，等张总回来让他立刻给我打电话。"

B："张总回来也是这个结果，我是新来的销售副总。"

上述案例中的沟通问题与性别偏见有关。

当人们不自觉地将某些刻板印象与特定性别联系在一起时，就会产生性别偏见。

性别偏见，即基于性别的成见。

在工作场所，性别偏见会扭曲人们对工作伙伴的客观认知，限制人才的潜力和职业发展机会。

无意识的性别偏见是基于性别的一些不假思索的联想，比如"自然而然"地认为会议室中的男性是负责人，而女性是助理等，或者认为男性更沉稳，而女性更情绪化等。

有这样一件事，一对父子遭遇车祸，父亲在事故现场死亡，儿子受了重伤，当即被救护车送往附近的医院并被推进手术室。医院通知外科医生前来做手术，外科医生一到手术室，看到病人就惊呼道："天哪，我的儿子！"

你能解释一下这位外科医生是谁吗？

这是社会心理学文献中记载的关于无意识偏见的一个活动。对于这位医生究竟是谁，大约有 40% 的参与者都没有想到最合理的答案——外科医生是男孩的母亲。相反，参与者们编造了一些想象力极为丰富的故事，比如这个男孩是被收养的，或者外科医生是他的生父等。

这一活动结果说明了自动的性别刻板印象的强大力量。对于某些人来说，外科医生与男性之间的联系太过紧密，以至于妨碍了他们做出正确的判断。

微软公司发布的一份《微软：全球多样性和包容性》报告指出："世界上 42% 的人认为男性比女性更适合做商

业主管。这一数字反映了性别不平等和无形障碍在工作场所持续存在的深层根源，这些障碍往往是隐藏或无意识的。"

有时，男性对女性存在偏见；有时，女性对男性也有偏见，甚至女性对女性自身也存在一些偏见。在男性和女性共同参与的工作场所，我们需要打破性别偏见，基于人的能力、价值和独特贡献去评价人、发展人，让每个人的潜力都发挥出来，让人们得以在一起高效地协作。

⊙ **案例 4-7**

无偏见沟通方案

沟通前：

A 事先并不知道与自己谈判的是一位女代表，在见到 B 后，A 在头脑中进行了无意识偏见的**"快捷扫描"**：

* **快速觉察**

检视自己对人（B 女士）、对事（订单谈判）是否存在偏离客观事实的见解。刚看到对方的谈判代表是一位女士，A 感到意外和失望，自己没有期待与一位女士谈订单追加这么大的事，在这个男性主导的行业里，女性的面孔本来就少，而女性管理者就更少了，自己见到 B 女士来谈这么大的事就无意识地假设对方说话没分量，做不了最终的决策，跟她商谈没什么意义。A 觉察到这样的想法受到了性别偏见的影响。

- 快速评估

性别偏见让人因性别轻视谈判的对象，导致不尊重和误判，不利于双方进行平等的谈判并取得良好的结果。

- 放下偏见

A 选择放下偏见，先了解对方的背景再展开谈判，避免无意识的猜测带来的误判，基于事实与对方展开谈判，争取达成最好的谈判结果。

沟通中：

B："您好，听说贵司要追加订单，麻烦您确认一下数量和交货期。"

A："是的，请问您是新来的吗？以前没有见过。"

　　←←← 全面倾听（开启好奇模式）

B："是的，我是新来的销售副总，今天我负责跟您谈追加订单的事。"

A：“那太好了。是这样，这一单我们紧急追加 10 000 件，请问最快什么时候能交货？另外，追加这么 大的单，价格必须比原单的价格低 5%。”←←←
简明表达（简言）

B：“今天追加订单的话，最快也要 15 天才能交货。 价格方面，可以还给您原单的合同价，这已经是 市场上最低的价格了。”

A：“我们是 10 年的大客户，这次追加的也是大单， 期待你们能给出更有诚意的价格。”←←←**简明表 达（简言）**

B：“这个我了解，也非常希望满足您的期待。不过我 查了一下，之前给您的已经是市场最低价了，不 信您可以做调查。”

A：“我们这边有几家供货商，但与你们合作时间最 长，你们的产品质量也不错，希望这一单不要 因为价格的问题谈不成啊。”←←←**简明表达 （简言）**

B：“那不会，我们也希望跟贵司保持长期合作，我正 要跟您提合同续期的事呢。咱们现在的合同年底就到期了，您看什么时候方便续期啊？"

A："续期没问题，具体条款咱们需要找时间坐下来谈。现在我着急的是这批追加订单。"←←←**简明表达（简言）**

B："没问题，只要贵司这边续期，我们这一单可以在原单价格的基础上再让些利，总之希望跟贵司长期合作。"

A："那好，这一单价格怎么算？另外，交货期有什么办法能短一些吗？"←←← **积极回应（提问）**

B："这次追加订单，我们在原单价格的基础上再让3%，给您按9.7折算。交货期我跟工厂碰一下，争取给您优先加急，前提是您今天就下单。"

A："好吧，价格方面就按你说的9.7折，但是质量一定要保证。交货期请务必尽快确认，你们一确认我们马上就下单。"←←← **理性思考（放慢节奏）、尊异求同（达成开放共识）**

B："好的，感谢您一直以来的支持！"

沟通后，填写虚怀反思清单（如图4-14所示）：

虚怀反思清单——案例4-7	
1. 我如何评价本次沟通的总体效果？	☐超出预期 ☑达到预期 ☐未达预期
2. 双方的关系在沟通后的增进程度如何？	☐超出预期 ☑达到预期 ☐未达预期
3. 我对自己在本次沟通中的总体表现如何打分？（1~100分）	85 分
4. 我对自己在本次沟通中管理偏见的情况如何打分？（1~100分）	90 分
5. 描述我在本次沟通中做得好的两个地方。	1. 觉察并管理了性别偏见；2. 尊异求同
6. 我在倾听过程中出现了哪些问题（评判、反驳、急于给建议、听不得不同意见、走神等），下次如何避免？	出现了急躁情绪，急于反驳，应多克制自动反应
7. 我给予对方的回应有什么不妥之处，下次如何改进？	无
8. 我在沟通时有没有刻意放慢节奏进行理性思考？	有
9. 我的表达是否足够简洁、清晰，让对方能轻松理解？	比较清晰
10. 沟通中说过的哪些话让我感到后悔？（如有）我当时为什么要那样说？	无
11. 我做到了尊重差异的观点还是不免固执己见？	尊重了双方观点上的差异，最终谈判成功
12. 我从本次沟通中学到的最重要的一点是什么？	打破性别偏见，基于事实评价人，平等沟通

图4-14　虚怀反思——案例4-7

确认偏误

案例 4-8　心里有数的老板

A 是创业公司的老板，白手起家，在市场上摸爬滚打很多年，带领创业的班底在市场上开辟出一片天地。两个月前，A 招聘高才生 B 做他的助理，今天，B 申请来向 A 汇报工作。

B："老板，我来公司这两个月把各部门都了解过了，发现了一些问题，想向您汇报一下。"

A：（🗯 这公司是我一手创办的，有什么事我能不知道？）

"哦，什么问题？"

B："首先是员工离职率越来越高，人力资源部的同事反映竞争对手在高价挖我们的人才，很多员工上班时间接到猎头的电话，我们需要及时采取措施留住团队成员。"

A：（🗯 你刚来几天啊，听风就是雨。）

"这事儿我心里有数，核心团队成员都是我一手带出来的，他们肯定不会走，基层岗位换点儿新鲜血液也未尝不是好事。"

B："有传言说刘副总也要走。"

A：（💭 开玩笑，不可能！）

"刘副总要是走了，那太阳就打西边出来了。秘书刚才还说刘副总待会儿给我打电话说个事儿呢。"

B："哦。"

A：（💭 我在这行业过的桥比你走的路还多。）

"错不了，我心里有数。你学历高、知识多，但若论看人识人、领导团队，你好好跟我学着吧。"

（电话铃声响起）

A："喂，老刘，这会儿正说你呢，找我什么事啊？……什么，你要离职？！"

上述案例中的沟通问题与确认偏误有关。

确认偏误，是指人们倾向于选择性地搜索、偏爱并使用信息来印证自己预先存在的观点。

确认偏误影响人们对数据的选择和解读。在一堆数据面前，确认偏误让人们去寻找并关注那些可以证实自己想法的数据，忽视与自己的想法不一致的数据。

确认偏误影响人们的判断力和沟通的有效性。如果一位经理抱有强烈的确认偏误，在开会时，表面上在听大家发言，但其实只从自己的角度出发，选择性地去听那些他想要的信息，忽略与他的想法不一致的信息，然后等待一个时机插进话题，大谈自己早就拿定了的主意，那么，他虽然置身于会议，却没有真正地倾听，没有理解人们的观点和他们所面临的问题，他基于确认偏误做出的决策很可能是偏颇的。

具体来说，确认偏误在工作场所的表现有以下这些形式：

- 只能看到想看到的证据。
- 选择性倾听 / 选择性失聪。
- 选择性观察。
- 自以为是。
- 固执己见。
- 过度自信。
- 思想狭隘。
- 钻牛角尖。
- 一言堂。

⊙ **案例 4-8**

无偏见沟通方案

沟通前，进行无意识偏见扫描（如图 4-15 所示）：

- 觉察并勾选

在沟通之前，A 进行了偏见扫描，对应扫描仪中的"无意识偏见表现"逐项诚实检查自己对人（新助理 B、公司元老）、对事（员工离职率高）存在哪些偏见。当得知新来的助理要和自己谈谈公司存在的问题时，A 不以为然，认为自己白手起家创业成功，懂行业、通人性，年轻人差得太远，不可能有什么对自己有帮助的想法，更不想听什么不同意见，这样的自以为是就是确认偏误。

- 评估影响

确认偏误让人视野狭窄、自以为是，导致错误的判断和偏颇的决策。

确认偏误让沟通几乎无法进行，让对方失去沟通的意愿，严重阻碍人际沟通与协作。

- 管理偏见

这样的觉察让 A 意识到自己过往的思维方式存在很大的风险，虽然创业还算成功，但并不意味着自己的想法都对，

无意识偏见扫描仪——案例 4-8

扫描偏见提示：
- 宽察并勾选：调整呼吸，让心绪平静下来，就本次沟通涉及的人和事，对应"无意识偏见表现"逐项诚实检查，宽察并勾选自身存在的偏见（多选）。
- 评估影响：对于勾选的偏见，评估它们可会带来怎样的影响（对于沟通结果、关系、人际协作），减少偏见的干扰。
- 管理偏见：运用相应的策略管理偏见。

序号	无意识偏见表现	偏见类别	宽察并勾选	评估影响	管理偏见
1	用固有印象看待人/事/物，陷于过去的成见和积怨	固定看法			以发展的眼光看待
2	给人/事/物贴上了标签	过度概括			撕掉标签
3	用局限的视角看待人/事/物，看不到全局	视野受限			换位思考、扩展视野
4	做出了并非基于客观事实的臆测、假设、判断、决策	臆测误判			基于事实、理性思考
5	仅依靠大脑无意识的反应，没有做出理性的思考	自动驾驶			清醒地驾驭头脑
6	没有平等地对待彼此（高人一等/低人一等）	不平等			平等相待
7	在沟通中总想"赢"（我是对的，按我说的办，我要占上风）	自我中心			换位思考
8	高估自己（功劳、贡献、优点、水平或在其他方面的品质）	自我服务			基于事实客观
9	将问题/失败归咎于外因（目标不实际、时机不成熟、资源不足、合作者不给力）	自我服务			从自己身上找原因
10	对自己的能力、潜力、可得的机会、能达到的目标等有限制性的假设	自我限制			给自己松绑
11	喜欢相似，因为对方与我有相似之处（观点、个性、背景、生活方式等）所以偏爱	亲和偏见			突破舒适圈
12	厌恶差异，因为对方与我没有相似之处（观点、个性、背景、生活方式等）所以不喜欢	亲和偏见			接纳差异
13	仅因一个正面特征/事件就自动认为对方所有方面都是正面的	晕轮效应			基于事实评价
14	仅因一个负面特征/事件就自动认为对方所有方面都是负面的	尖角效应			基于事实评价
15	带着年龄刻板印象看人，贬低其观点、能力、价值、贡献等	年龄偏见			基于事实评价
16	带着性别刻板印象看人，贬低其观点、能力、价值、贡献等	性别偏见			基于事实评价
17	自以为是，选择性地搜索、偏爱并使用信息来印证自己预先存在的观点，听不得不同意见	确认偏误	✓	视野狭窄，自以为是、误判	全面分析、理性决策
18	戴着"自己的文化眼镜"来看待其他群体，忽略群体中个体的特征	文化偏见			理解文化差异

图4-15　偏见扫描——案例4-8

也不意味着永远可以照搬过去的经验，应当全面了解和分析环境的变化、市场的动态和创业元老的想法，平等看待年轻人，做出理性的思考和管理决策。

沟通中：

B："老板，我来公司这两个月把各部门都了解过了，发现了一些问题，想向您汇报一下。"

A："好啊，是哪些问题？"←←← **全面倾听（开启好奇模式）**

B："首先是员工离职率越来越高，人力资源部的同事反映竞争对手在高价挖我们的人才，很多员工上班时间接到猎头的电话，我们需要及时采取措施留住团队成员。"

A："你带来的这个信息很重要，核心团队的成员没有离职意向吧？"←←←**积极回应（提问）**

B："有传言说刘副总也要走。"

A："哦？核心团队成员都是我一手带出来的，我一直以为他们应当不会走。秘书刚才还说刘副总待会儿给我打电话说个事，看来我需要想一想怎么跟他好好谈谈。"←←←**理性思考（放慢节奏、停下来思考）**

B："好的，那您先忙，其他的我改天向您汇报。"

A：“你反映的情况非常重要，才来两个月就做了这么多工作，小伙子很能干！”←←← **尊异求同（表达感谢欣赏）**

沟通后，填写虚怀反思清单（如图4-16所示）：

虚怀反思清单——案例4-8	
1. 我如何评价本次沟通的总体效果？	□超出预期 ☑达到预期 □未达预期
2. 双方的关系在沟通后的增进程度如何？	☑超出预期 □达到预期 □未达预期
3. 我对自己在本次沟通中的总体表现如何打分？（1~100分）	95 分
4. 我对自己在本次沟通中管理偏见的情况如何打分？（1~100分）	90 分
5. 描述我在本次沟通中做得好的两个地方。	1. 意识到自以为是的风险；2. 倾听年轻人的想法
6. 我在倾听过程中出现了哪些问题（评判、反驳、急于给建议、听不得不同意见、走神等），下次如何避免？	无
7. 我给予对方的回应有什么不妥之处，下次如何改进？	基本没有
8. 我在沟通时有没有刻意放慢节奏进行理性思考？	有
9. 我的表达是否足够简洁、清晰，让对方能轻松理解？	是
10. 沟通中说过的哪些话让我感到后悔？（如有）我当时为什么要那样说？	无
11. 我做到了尊重差异的观点还是不免固执己见？	尊重年轻人的视角和观察，获取全面的信息
12. 我从本次沟通中学到的最重要的一点是什么？	确认偏误可危及管理大局，应放下偏见，全面分析，理性决策

图4-16　虚怀反思——案例4-8

文化偏见

案例 4-9　"想在前面"与"先做起来再说"

A 是一家跨国公司研发部的中国籍工程师。这一天，他的外籍主管 B 约他一对一开会。

B："这次的新项目非常关键，我想跨部门召集几位同事，下周再开一次更大范围的头脑风暴会，大家好好讨论一下。一定要把事情想在前面，这样项目执行起来就不会有'惊吓'（坏消息），你觉得怎么样？"

A：（🗨 还要讨论？之前不是已经讨论过好几次了吗？）

"基于这之前的多次讨论，我认为这个项目可以先启动，先做起来再说。以我的经验，前期讨论再充分，后面也总有意想不到的问题。"

B："我有不同的观点。与其后面被动应变，不如我们多花些时间在前面，把所有可能发生的情形和

可以采取的措施都预想清楚，然后再启动项目也
不迟。"

A：(🗨 拜托，你们外国人那套也太耽误时间了！)

"既然是创新的项目，就要灵活应变。光在这里
想，什么都是问题，只有做，才有答案。相信我，
咱们做过那么多项目了，最后不是都顺利完成了
吗？前期想太多真没必要！"

B："你这么说也太草率了，这是对项目的不负责任！"

A：(🗨 老外简直没法沟通！)

"谁不负责任啊？我看你才是不负责任，你从头到
尾就是不想承担任何责任，还在那儿瞎指挥！我
已经忍你很久了！"

　　上述案例反映了两国同事在工作上的文化差异，以及
不理解文化差异所带来的文化偏见。

　　文化偏见是我们基于自己的文化背景对另一个群体
的文化形成的假设，它会影响我们对其他群体的理解和
感知。

每一个国家都有自己独特的文化，也都对自己的文化情有独钟。不同文化之间的差异始终存在，当我们戴着"自己的文化眼镜"来看待其他群体时，就容易产生文化偏见。打破文化偏见的有效方法是了解真实的文化差异。

在跨文化研究领域，荷兰的管理学者吉尔特·霍夫斯泰德在 1980 年提出了霍夫斯泰德文化维度理论，这是用来衡量不同国家文化差异的一个框架，可以帮助我们理解文化差异对人们的工作和生活带来的影响。

霍夫斯泰德认为，文化是在一个环境下人们共同拥有的心理程序，能将一群人与其他人区分开来。通过研究，他将不同文化间的差异归纳为 6 个基本的文化价值观维度，即个体主义与集体主义、权力距离、不确定性规避、事业成功与生活质量、长远导向与短期导向、克制与放纵。

①个体主义与集体主义，这一维度用来衡量某一社会总体是关注个体的利益还是关注集体的利益。在具备个体主义倾向的社会中，人与人之间的关系是松散淡薄的，人们更多关心的是自己及家人；而在具备集体主义倾向的社会中，人们更注重族群关系，更关心大家庭。

②权力距离，是指某一社会中的人对权力分配不平等这一事实的接受程度。各个国家由于对权力的理解不同，在这个维度上存在着很大的差异。

③不确定性规避，是指人们忍受模糊或者感受模糊和不确定性威胁的程度。通常来讲，在低不确定性规避的文化中，人们更自信，更敢于冒险；而在高不确定性规避的文化中，人们更趋于保守。

④事业成功与生活质量（男性化与女性化），这一维度体现了某一社会代表男性的品质如竞争性、独断性、注重物质成就和财富积累更多，还是代表女性的品质如谦虚、关爱他人、有教养、关心生活质量更多。

⑤长远导向与短期导向，这一维度体现的是社会如何看待现在与未来。长远导向表现出对远期未来的关注，包括推迟短期的成功或满足以实现长期的成功。短期导向表现出对近期的关注，包括短期的成功或满足，并且更强调现在而不是未来。

⑥克制与放纵，即人们试图控制自己的欲望和冲动的程度，相对较弱的控制称为"放纵"，相对较强的控制称为"克制"。

在上述案例中，我们可以清晰地看到两国文化在"不确定性规避"这个维度上的巨大差异。A 代表了低不确定性规避的文化，B 代表了高不确定性规避的文化，两种文化之间的差异造成了人们之间的不理解。

文化是我们用以观察世界的主观镜头的重要组成部分，文化维度理论体现了不同文化之间的总体差异，为我们在跨文化的工作中更好地了解不同国籍的工作伙伴提供了可参考的线索，帮助我们真正理解他们为什么会那样想、那样做，以及如何更好地协作。

在经济全球化的背景之下，不少人才在跨文化的组织和团队中工作，经常与来自世界各地的同事和客户交流，因此，了解各国之间的文化差异，用一种不偏不倚的态度来看待不同的文化背景、思维与行为习惯，有助于我们打破文化偏见，实现愉快的跨文化合作。

文化偏见对人际沟通的影响具体如下：

- 戴着"自己的文化眼镜"去看待不同文化背景的沟通者，会形成预先的沟通态度，这样的态度一旦被对方感知可能会带来双向的文化偏见，造成不同文化背景的人之间的隔阂，互相抱有消极的猜想和假设，偏颇地解读对方的言语和行为，无法展开真诚的沟通与交流。

- 偏颇的看法直接引发消极的情绪，导致沟通氛围紧张、不愉快。
- 存有文化偏见导致人们在跨文化协作中心扉紧闭，不积极沟通，无法密切协作。
- 人们与同一文化背景的工作伙伴相谈甚欢、合作愉快，与不同文化背景的相关方疏远冷漠。
- 不同的文化视角带来的交流碰撞无法实现，多元文化的优势被浪费，个体和群体的潜力被限制，所有人共同创造的工作价值被大打折扣。

⊙案例 4-9

无偏见沟通方案

沟通前，进行无意识偏见扫描（如图 4-17 所示）：

- 觉察并勾选

在会议开始之前，A 专门留出时间进行偏见扫描，对应扫描仪中的"无意识偏见表现"逐项诚实检查自己对人（B）、对事（项目工作安排）存在哪些偏见。A 意识到自己在过往的工作中因为文化上的差异对 B 成见已深，戴着"自

无意识偏见扫描仪——案例4-9

扫描偏见提示：
- 觉察并勾选：调整呼吸，让心绪平静下来，就本次沟通涉及的人和事，对应"无意识偏见表现"逐项诚实检查，觉察并勾选自身存在的偏见（多选）。
- 评估影响：对于勾选的偏见，评估它们会带来怎样的影响（对沟通结果、关系、人际协作）。
- 管理偏见：运用相应的策略管理偏见，减少偏见的干扰。

序号	无意识偏见表现	偏见类别	觉察并勾选	评估影响	管理偏见
1	用固有的印象看待人/事、物，陷于过去的成见和积怨	固定看法		对某些群体抱有成见，贬低其价值	以发展的眼光看待
2	给人/事/物贴上了标签	过度概括	✓		撕掉标签
3	用局限的视角看待人/事、物，看不到全局	视野受限			换位思考、扩展视野
4	做出了并非基于客观事实的臆测、臆断、判断、决策	臆测误判			基于事实、理性思考
5	仅依靠大脑无意识地的反应，没有做出理性的思考	自动驾驶			清醒地驾驭头脑
6	没有平等地对待彼此（高人一等/低人一等）	不平等			平等相待
7	在沟通中总想"赢"（我是对的，水平说的小），我要占上风	自我中心			换位思考
8	高估自己（功劳、贡献、优点、水平或其他方面的品质）	自我服务			基于事实找原因
9	将问题（失败）归于外因（目标不实际、时机不成熟、资源不足、合作者不给力）	自我服务			从自己身上找原因
10	对自己能力、潜力、可得到的利益等有限制制的假设	自我限制			给自己松绑
11	喜欢相似，因习对方与自己有相似之处（观点、个性、背景、生活方式等）所以喜爱	亲和偏见			突破舒适圈
12	厌恶差异，因为对方与我没有相似之处（观点、个性、背景、生活方式等）所以不喜欢	亲和偏见			接纳差异
13	仅凭一个正面特征（事件），就自动认为对方所有方面都是正面的	晕轮效应			基于事实评价
14	仅凭一负面特征（事件），就自动认为对方所有方面都是负面的	尖角效应			基于事实评价
15	带着年龄刻板印象看待人，贬低其观点、能力、价值、贡献等	年龄偏见			基于事实评价
16	带着性别刻板印象看待人，贬低其观点、能力、价值、贡献等	性别偏见			基于事实评价
17	自以为是，选择性地搜索、偏爱并使用信息来印证自己预先存在的观点，听不得不同意见	确认偏误			全面分析，理性决策
18	戴着"自己的文化眼镜"来看待其他群体，忽略群体中个体的特性	文化偏见	✓	妨碍人们跨越文化互相理解与合作	理解文化差异

图4-17　偏见扫描——案例4-9

己的文化眼镜"看 B，认为他做事太低效，给 B 贴上了"磨磨蹭蹭"的标签。在看到 B 发的会议邀请时已经很不耐烦，沟通尚未开始情绪就已经比较消极。

- 评估影响

给外国同事贴标签导致对这一群体有成见，贬低他们的价值。

文化偏见妨碍人们跨越文化互相理解，造成人们排斥与不同文化背景的人一起工作。

- 管理偏见

觉察到文化偏见让 A 变得清醒，他决定摘掉"自己的文化眼镜"，撕掉给对方贴的标签，用全新的眼光审视 B，尝试理解彼此在文化上的差异，并从差异中找到价值，为进入一次高质量的无偏见沟通做好准备。

沟通中：

B："A，这次的新项目非常关键，我想再开一次更大范围的讨论会，你觉得怎么样？"

A："我们已经开过几次会了，是什么让你想到要召开'更大范围的讨论会'，能具体说说吗？"

←←← **全面倾听（开启好奇模式）、积极回应**

（引用）

B：　"是这样，前面的几轮讨论都很有帮助，但都局限
　　　在研发部内部。接下来，我想扩大范围，把其他
　　　部门的同事也包括进来，形成一个多元的群体，
　　　大家好好讨论一下，这样我们的视角更丰富，创
　　　意会更多，也能提出新的问题。项目这么关键，
　　　一定要把事情'想在前面'，这样执行起来就不会
　　　有'惊吓'（坏消息）。"

A：　"了解，你说的其他部门指的是哪些部门？"
　　　←←← 积极回应（澄清）

B：　"其他部门包括销售部、售后服务部，还可以包括
　　　后勤部门。"

A：　"把这么多的部门包括进来，这我还真没想过，你
　　　让我想想。"←←← 理性思考（放慢节奏、停下
　　　来思考）

B：　"好的。"

A：　"我能理解你的文化背景不喜欢'惊吓'（坏消
　　　息），但是以我的经验，前期讨论再充分，后面也
　　　总有意想不到的问题。我认为基于此前的多次讨

论，项目可以先启动，先做起来再说。**不知道我表达清楚了吗？**"←←←简明表达（简言、确认被理解）

B：“明白你的意思，不过我有不同的观点。与其后面被动应变，不如我们多花些时间在前面，把所有可能发生的情形和可以采取的措施都预想清楚，然后再启动项目也不迟。”

A：“站在你的角度，你认为我们应当‘想在前面’召开更大范围的讨论会以免前期计划不周影响后续工作，是这样吗？”←←← **尊异求同**（探索多样视角——对方视角）

B：“是的，这是我的观点。”

A：“好的，**谢谢你的确认**。站在我的视角，我认为应当‘先做起来再说’，不应浪费太多时间在前期讨论上。**现在我们有了两个不同的观点，但是这还不够，要找到最好的答案，我们还应当考虑其他相关方的看法，比如说销售部。**”←←← **尊异求同**（探索多样视角——相关方视角）

B：“**你的提议非常好**。”

A：“谢谢！**现在假设你是销售部的成员，你会怎么看？**”←←← 尊异求同（探索多样视角——相关方视角）

B：“从销售的角度看，最重要的是研发出来的产品好卖，迎合市场的需求，那么前期就应当充分讨论。所以销售部会支持我们‘想在前面’。”

A：“**有道理，此外我想补充一点，**销售部的同事会非常希望我们多听取他们对市场的反馈和理解，所以应当会非常愿意参与前期的讨论。”←←← 尊异求同（探索多样视角——相关方视角）

B：“嗯，你的补充很好，现在我们探索了 3 个视角。”

A：“是你先提到销售部我才想到引入他们的视角！接下来，让我们从公司全局的视角看看研发工作究竟应当怎么做。”←←← 尊异求同（探索多样视角——全局视角）

B：“从公司整体的角度来看，研发工作最好是两者兼顾，既要前期准备充分，又要效率不降。”

A：“同意。**现在我们通过转换视角得出了 3 个观点。**‘想在前面’‘先做起来再说’‘两者兼顾’，哪一

个是更好的答案呢？"←←← 尊异求同（评估不同观点）

B：　"也许我们应当看看怎么能'两者兼顾'。"

A：　"有道理，**我意识到我们两个人的思维方式代表了两种文化做事的不同方式，一种是不喜欢不确定性，一种是强调灵活应变，这样的文化差异导致我们有不同的看法。然而，正是因为这两种思维方式同时存在，我们才可以更好地互补，不会走向偏颇，所以我也认为能把两种方式结合起来最好。**"←←← 尊异求同（评估不同观点）

B：　"同意，这也是我们在一起工作的意义！"

A：　"很高兴我们达成了共识！**谢谢你发起这次讨论，这让我们找到了更好的答案！**"←←← 尊异求同（达成开放共识、表达感谢欣赏）

沟通后，填写虚怀反思清单（如图 4-18 所示）：

虚怀反思清单——案例 4-9	
1. 我如何评价本次沟通的总体效果？	☐超出预期 ☑达到预期 ☐未达预期
2. 双方的关系在沟通后的增进程度如何？	☑超出预期 ☐达到预期 ☐未达预期
3. 我对自己在本次沟通中的总体表现如何打分？（1~100 分）	90 分
4. 我对自己在本次沟通中管理偏见的情况如何打分？（1~100 分）	90 分
5. 描述我在本次沟通中做得好的两个地方。	1. 管理了文化偏见；2. 尊重对方的观点，引导积极的讨论
6. 我在倾听过程中出现了哪些问题（评判、反驳、急于给建议、听不得不同意见、走神等），下次如何避免？	有反驳的冲动，需要更多觉察自己的无意识反应
7. 我给予对方的回应有什么不妥之处，下次如何改进？	基本没有
8. 我在沟通时有没有刻意放慢节奏进行理性思考？	有
9. 我的表达是否足够简洁、清晰，让对方能轻松理解？	是
10. 沟通中我说过的哪些话让我感到后悔？（如有）我当时为什么要那样说？	无
11. 我做到了尊重差异的观点还是不免固执己见？	充分尊重了对方的观点，并且引导双方进行多样化观点的探索
12. 我从本次沟通中学到的最重要的一点是什么？	跨文化协作必须了解并尊重文化差异，摘掉文化偏见的眼镜

图4-18 虚怀反思——案例4-9

本章要点

- 自我服务偏见指个体倾向于以有利于自身的方式来进行自我知觉。

- 自我限制偏见是对自己的能力和成功机会的负面先入之见。这种偏见会对我们如何定义自己的能力、潜力、发展机会产生无形的影响，限制我们的个人发展。

- 亲和偏见也被称为相似性偏见，即人们偏爱与自己有相似之处的人。这种相似之处可以体现在各个方面，包括个性、观点、职业、教育背景、社会经济地位、年龄、出生地、兴趣爱好、生活经历等。

- 在人际交往中，仅因局部的正面特征 / 事件（如名校毕业）就自动认为一个人的所有方面都是正面的（如德才兼备），产生这种错觉的现象被心理学称为"晕轮效应"。

- 尖角效应，是指一个人在某一点上给人们留下了坏的印象，那么人们对他其他的品质评价也会偏低，即人们仅选择了某一个点去关注，并把所有进一步的判断都建立在这一点的基础上。

- 年龄偏见是基于年龄对人的成见，即仅根据年龄而不是能力、水平或经验来评价人。

- 性别偏见，即基于性别的成见。

- 确认偏误，是指人们倾向于选择性地搜索、偏爱并使用信息来印证自己预先存在的观点。

- 文化偏见是我们基于自己的文化背景对另一个群体的文化形成的假设，它会影响我们对其他群体的理解和感知。

第5章

无偏见沟通的应用建议

无偏见沟通的灵活运用

　　至此，我们了解了无偏见沟通的理论模型、需要遵循的 7 项原则以及实践无偏见沟通的 7 个步骤。回到真实的工作场景，你可以将这些理论、方法、工具应用到实处，解决实际发生的沟通难题，通过无偏见沟通显著增进协作关系，切实提升工作绩效。

　　无偏见沟通致力于为组织 / 团队与各级人才带来以下收获：

- 减少无意识偏见对沟通的干扰，突破人际沟通的困境。

- 建立深度信任的协作关系，或修复破损的信任关系。

- 运用全新的沟通方法解决棘手的问题，把握艰难的对话。

- 激发深度的思考，成就审慎的决策。

- 超越观点的分歧，达成开放的共识。

- 实现高质量的沟通体验与沟通成效。

- 提升个人在职业领域的影响力与职业成就。

- 提升组织／团队的沟通与协作效能。

无偏见沟通的原则和方法可被广泛应用于工作中涉及的各种沟通类型，包括：

- 对内沟通（上下级、同级、跨部门、跨区域、跨文化的沟通）与对外沟通（与客户、供应商、用户、公共部门等的沟通）。

- 口头沟通（对话、会谈、谈判等）与书面沟通（信函、电子邮件、微信等）。

- 面对面沟通与远程沟通（电话会议、视频会议）。

- 一对一沟通、一对多沟通、群体之间的沟通。

本书案例中体现的主要是一对一的工作沟通，这里需要说明的是，无偏见沟通的原则及行为同样可应用于一对多的沟通或群体之间的沟通。

无偏见沟通可覆盖多种工作场景，包括日常工作沟通、商务谈判和棘手的关键对话。具体如下：

- 会议会谈、头脑风暴、演示汇报、战略规划。
- 正式与非正式谈判。
- 解决棘手问题、处理矛盾分歧、分配资源 / 利益。
- 面试沟通、分配任务、跟进任务、工作协调、项目沟通。
- 给予辅导、提供反馈、绩效面谈。
- 转型变革期的艰难对话。
- 职业 / 商务社交。

对于实践无偏见沟通的 7 个步骤及其子步骤，你可以结合具体的工作情境灵活变通地使用，既可以按步骤连续使用，也可以拆开来自由组合使用，或者单项使用。

按无偏见沟通的 7 个步骤连续使用，可以帮助你通过扫描偏见准备好开明的头脑，通过全面倾听确保完整的信息输入，通过积极回应实现双向的交流，通过理性思考做出客观的判断和决策，通过简明表达陈述自己的想法，通过尊重差异达成开放的共识，在沟通之后谦逊反思并采取行动实现真正的改变，为精进下一次沟通做好准备。如此，7 个步骤形成一个积极的沟通循环。对于一些艰难的需要多次进行的沟通，你可能需要反复应用这样的循环，每一次应用和实践都可能给沟通带来可喜的进展。

在某些情况下，你也可以选取无偏见沟通的步骤或子步骤自由组合使用。比如按照会议的议程，你需要先发表自己的看法，然后再倾听他人的想法，给出回应，提出一些问题，经过理性的思考，再次表达自己的想法。总之，你可以在不同的步骤之间按需切换，进行灵活的运用。

无偏见沟通的某一个步骤及其子步骤，也可以被拿出来单独使用，比如在非正式的会谈或简短的交谈中，根据情况使用某一个最为恰当的无偏见沟通技巧。

在工作之外，我们也需要提升沟通的质量，或者面对棘手的谈话。本书着重探讨的是工作场合的沟通问题，但是无偏见沟通的方法同样适用于生活领域的沟通。

无偏见沟通从"我"开始

阅读本书可以帮助你识别工作场景中最常见的那些偏见，这样做最主要的意义在于增强自我觉察与自我管理，因为无偏见沟通是从"我"开始的。

有人可能会反驳说，既然人人都有偏见，而且与我们沟通的对象常常带有明显的偏见，有时候明摆着是他们的问题，为什么我们要归咎于自己，不能责备对方，要求对方管理他们的偏见，做出适当的改变呢？

的确，沟通出现问题不一定都是你导致的，沟通毕竟是一种互动，一个巴掌拍不响，双方都参与，也都负有责任，往往你可能还会发现对方负有主要责任。然而，如果我们真想解决问题，那就只能从自己这里入手。

当沟通出现问题的时候，人们往往很快能发现别人身上的问题或存在的偏见，心里想"这是你的错"，无意识地从对方身上找原因，指摘别人的问题，却忘记反思自己可能对问题负有直接或间接的责任。

坦白讲，我们无法管理别人的偏见，而且指责和不作为很可能让人际关系变得更加紧张，让事情变得更加棘手。

你所能做的最有意义的事只有影响。通过自己做些什么来影响对方，影响沟通的成果。管理偏见需要有人先行，不能寄希望于对方先放下偏见。因此，无偏见沟通从"我"开始。

我们要像旁观者一样审视自己，发现自己身上存在的问题，对自身的偏见和双方的关系同时进行管理。此外，我们还要有意识地超越自身的局限，站得更高一些，看得更远一些，因为我们无法在与制造问题相同的思维层次上解决问题。

"请注意这一点，对方未被免责，对方也有责任。但是打破僵局的最佳切入点是改变我们自己，我们能够通过改变自己的行为方式影响对方的行为。问题的关键不在于为双方打分、判定哪一方的行为更糟糕，而在于使事情朝着更好的方向发展。实际上，发现自己是问题的制造者之一，不但不是坏消息，反倒是个好消息！因为这说明我们可以对改善困境有所作为。尽管我们本能地倾向于表白为什么错不在自己，但更明智的做法是探究我们错在何处，从而明白如何解决问题。"⊖

⊖　艾本斯坦. 哈佛谈判思维：国际谈判专家教你如何摆脱沟通困境 [M]. 赖丽薇，译. 北京：中信出版社，2020.

现代职场难有孤岛，每个人都需要与人协作才能完成工作任务，实现工作绩效。大多数工作关系都属于长期的关系，一两次的沟通结果固然重要，但更重要的是对长期协作关系的经营。这需要你首先打破自己的偏见，与形形色色的相关方建立"人际通连"，让所有的"信任之门"为你打开，为自己织就一个宽广、和谐的工作网络，着眼于长期的对话交流、相互支持与双赢的合作。

即便是已经出现裂痕的关系，你也可以进行修补，无偏见沟通的方法在这方面尤其有帮助，全面的倾听、积极的回应、尊重差异的态度，都可以带来出乎意料的转机。

无偏见沟通对个人的学习成长与职业发展意义重大，毕竟我们的整个职业生涯都离不开沟通，从最初的求职，到职位晋升、辅导下属，再到带领团队解决问题，沟通是职业人士不可或缺的关键能力。

无偏见沟通需要我们诚实地面对自己，进行自我检视，走出舒适区。这样做一开始并不容易，这需要我们从旧的习惯中挣脱出来，养成新的思维和行为习惯。

养成这样的习惯不必制订一个宏大的计划，你可以从无偏见沟通模型中对你来说最简单易行的行为开始，每周或者每个月刻意练习特定的行为，专注于有意义的、可能发生的小的改变，假以时日，如果你体会到实质性的深刻改变，以及由这些改变带来的势不可挡的正向力量，这说明你已经为自己的工作环境和周围的人带来了积极的影响。

在团队中建立无偏见沟通的文化

无偏见沟通的方法除了可供个人使用，也可以融入团队和组织的文化建设与管理实践。

与其说无偏见沟通是一种技能，毋宁说它是一种文化。

简单来说，文化就是"我们这里的做事方式"。文化常常以心照不宣的方式存在，在组织中实践无偏见沟通就是在建设包容型的高绩效文化，这样的文化让每一位成员感到被尊重、被理解、被支持，对工作充满激情，能够发挥出自己最大的潜力，将头脑中不必要的干扰因素减至最少，让整个团队形成合力，实现高绩效的组织发展目标。

在现实的情况下，因为某些原因，团队可能出现了或蔓延着"指责文化"，团队成员互不信任，相互指责。然而，指责的话一经出口就很难挽回，会严重伤害人际关系，危及团队成员之间的正常协作。

"有时候我们希望可以回到过去，消除一些不当的言辞或行为，替换成更妥当的言行举止。不幸的是，这种逆转是不可能的。某些时候，进一步的解释可以打消对方的疑虑，诚心道歉可以减轻对方的创伤。但很多时候，你说得再多，都无法改变你在他人心中留下的印象。已经挤出来的牙膏不可能再塞回去，已经说出去的话也不可能再收回来。俗话说得好，说出去的话就像泼出去的水，都是无可挽回的事实。"⊖

引入无偏见沟通有助于终止"指责文化"，让团队成员迅速重建信任、展开对话、关注倾听、相互理解，改善团队成员之间的关系，从而改变团队的文化现状并提升团队的绩效表现。

具体来说，在团队和组织的层面，可以采取以下举措减少偏见：

- 运用无偏见沟通建设包容型的高绩效文化，让人们在工作场所拥有归属感、幸福感和成就感。
- 安排打破无意识偏见的主题培训，提升团队成员的自我认知与彼此理解。
- 成立员工资源小组，推动包容型高绩效文化的落地。

⊖ 阿德勒，罗森菲尔德，普罗科特．沟通的本质：什么是沟通，为什么沟通以及如何沟通 [M]．黄素菲，黄成媛，译．郑州：河南文艺出版社，2023.

- 向外部标杆组织学习最佳实践。
- 统一使用避免偏见的招聘及评估流程。
- 面试多元化的候选人，组建多元化的面试小组，任用中立的面试官。
- 制定政策／项目以满足不同背景员工的需求。
- 打破年龄偏见，引入"反向导师"的机制。
- 在进行重大决策时避免无意识偏见的影响，建立合理的决策机制。
- 定期收集员工反馈，倾听他们的声音，采取积极的改进措施。

此外，团队和组织可以建立专门的机制，将无偏见沟通的原则与步骤应用于典型工作场景的沟通实践。具体如下：

1.　会议决策

团队或组织可以建立团队会议的规则，包括以下内容：

①团队成员会前进行偏见扫描。

②在一位成员讲话的时候，其他人全面倾听，不打断，不评判。

③倾听者须做出积极的回应。

④团队基于客观事实进行思考，杜绝"一拍脑袋"的决策或"一言堂"现象。

⑤从管理者到每一位成员都做到简言，将发言控制在规定时间内，以清晰简洁为目标。

⑥每个人分享的观点都被尊重，即便它们不够完美。

⑦多数人赞成的方案不一定是最佳方案。

⑧选派专人作为"反方"，提出挑战性的问题，质疑原来的做法或已有的观点。

⑨会上讨论的内容需经过全面、充分的讨论才能形成正式的决策。

⑩承诺行动，并在约定的时限内落实会议的决策。

2．头脑风暴征求创意

①每一位成员就讨论的议题发挥想象力，写下自己的创意。

②团队成员轮流分享自己的创意，其他人全面倾听不做评判。

③团队成员进行集体讨论，讨论过程中强调倾听、回应、提问、思考与尊重差异。

④整合多元化的创意。

⑤形成可行的创意方案。

3．绩效反馈

绩效反馈是常见的工作沟通场景之一，但是给员工负面反馈让很多管理者感到头痛。

在面谈之前，管理者需要做一些准备工作。首先，破除自我限制偏见，相信自己有能力与员工进行开诚布公的谈话。其次，对于低绩效员工也要去除偏见，尽管对方绩效表现不佳，或者出现了一些问题，但是也不要贴标签或指责，绩效问题有时是个人的能力或态度造成的，有时可能是因为存在客观的障碍或者环境方面的问题，管理者必须了解清楚全面的情况。

在面谈过程中，可以灵活运用无偏见沟通 7 步模型中的行为，在谈话中需要特别强调的是倾听、运用同理心、关注员工的反应和感受。管理者可以先基于事实给出初步的反馈，然后邀请员工表达看法和感受，即便员工说的不一定都有道理，甚至带着情绪，也要进行全面的倾听，这正是无偏见沟通扭转局面的关键之处。

在了解问题的真实背景和产生的原因之后，结合个人的实际情况予以辅导，共同设定改进的目标。

克服无意识偏见是建立包容型团队的关键，实践无偏见沟通是创造包容型工作环境的可行途径。打破无意识偏见需要从"我"做起，这要求团队成员具有深刻的自我意识，承认无意识偏见，理解偏见背后的机制，并制定减少偏见的策略来解决问题，尤其是在人们对当前的文化不甚满意的时候，更是要从自己出发，先行改变，通过自身的改变影响周围的人，带动他们改变，这样才能共同建设人人都愿意归属的包容型团队。

在本书的最后，需要说明的是，正如前文所述，无意识偏见的存在是人类大脑运作的特性，在某些情况下，这样的运作没有带来明显的问题。然而，在工作中，当偏见明显干扰了人际沟通，损害了人际协作效能的时候，我们需要意识到问题所在，认真对待无意识偏见的影响，结合实际情况运用无偏见沟通的具体方法。

虽然我们不可能完全消除偏见，但是哪怕只是在人与人沟通的过程中，做出一点儿努力，减少一点儿偏见，都可能立刻带来改变，提供前所未有的沟通体验，并有望解决曾经看起来根本不可能解决的沟通难题。

希望无偏见沟通作为一种全新的沟通方法能有所帮助，为人才、团队和组织带来积极的影响。

本章要点

- 无偏见沟通的原则及方法可被广泛应用于工作中涉及的各种沟通类型，可覆盖多种工作场景，包括日常工作沟通、商务谈判和棘手的关键对话。

- 对于实践无偏见沟通的 7 个步骤及其子步骤，你可以结合具体的工作情境灵活变通地使用，既可以按步骤连续使用，也可以拆开来自由组合使用，或者单项使用。

- 管理偏见需要有人先行，不能寄希望于对方先放下偏见。因此，无偏见沟通从"我"开始。

推荐阅读

读懂未来前沿趋势

一本书读懂碳中和
安永碳中和课题组 著
ISBN：978-7-111-68834-1

双重冲击：大国博弈的未来与未来的世界经济
李晓 著
ISBN：978-7-111-70154-5

一本书读懂 ESG
安永 ESG 课题组 著
ISBN：978-7-111-75390-2

数字化转型路线图：智能商业实操手册
[美]托尼·萨尔德哈（Tony Saldanha）
ISBN：978-7-111-67907-3